히스토리아 **대논쟁 1**

초판 1쇄 인쇄 2008년 12월 20일
초판 1쇄 발행 2008년 12월 26일

지은이 박홍순
펴낸이 이영선 | **펴낸곳** 서해문집
주간 강영선 | **편집장** 김선정
편집 김문정 이윤희 최수연 임경훈
디자인 오성희 김민정 김현주
마케팅 김일신 박성욱
관리 박정래 손미경
출판등록 1989년 3월 16일 (제406-2005-000047호)
주소 경기도 파주시 교하읍 문발리 파주출판도시 498-7
전화 (031)955-7470 | **팩스** (031)955-7469
홈페이지 www.booksea.co.kr | **이메일** shmj21@hanmail.net

ⓒ 박홍순, 2008
ISBN 978-89-7483-368-8 04100
ISBN 978-89-7483-367-1 (세트)

값은 뒤표지에 있습니다.

이 도서의 국립중앙도서관 출판시도서목록(CIP)은 e-CIP 홈페이지
(http://www.nl.go.kr/ecip)에서 이용하실 수 있습니다.(CIP제어번호: CIP2008003773)

Historia 대논쟁

The Great Controversy

글·그림 박홍순

도덕 소크라테스 vs 아리스토텔레스

사르트르 vs 리오타르 지식인

서해문집

책 머 리 에

왜 히스토리아 대논쟁인가?

현대 사회는 논쟁이 없는 사회이다. 실용주의가 최고의 가치로 인정되는 사회에서 논쟁은 설 자리를 잃어가고 있다. 어느 것이 옳고 정당한가의 문제는 흘러간 옛 노래 취급을 받고 있으며, 어느 것이 이익인가만이 현대인의 사고를 지배하고 있다. 현대인에게 목적은 이미 주어져 있다. 현대인에게 주어진 목적이란 사회적으로는 과학기술과 경제의 발전이요 개인적으로는 부의 축적, 안락한 생활이다. 남은 것은 어떻게 하면 주어진 목적을 가장 효과적으로 실현할 것인가라는 방법의 문제이고, 이것만이 관심의 대상이다.

효율성이 지배하는 사회에서 논쟁이 사라지는 것은 어찌 보면 당연하다. 그러한 사회에서 목적을 고민하는 것은 의사가 수술대 위에 있는 환자를 두고 생명의 가치에 대해 고민하는 것만큼이나 시간 낭비이자 태만으로 받아들여지는 까닭이다.

그러나 논쟁이 없는 사회는 죽은 사회이다. 논쟁은 사회적인 반성과 긴장을 만들어낸다. 특히 무한경쟁 사회로 불리는 현대 사회에서 웬만큼 스스로를 긴장시키지 않고서는 좀처럼 뒤를 돌아볼 기회를 갖기 어렵다. 원래 빠르게 달리는 차에 타고 있으면 속도감을 덜 느끼기 마련이다. 우리들은 속도감에 취해 이제 어디로 가는지, 얼마나 정신없이 달리고 있는지도 잊어버렸다. 환경과 생태계 파괴, 세계적인 빈부 격차와 기아의 확대, 되풀이되는 전쟁과 대량 살상 무기의 온존, 갈수록 고립되어 가는 개인…, 이미 우리 옆에 재앙의 그림자가 바짝 다가와 있지만 실감하는 사람은 극소수에 불과하다. 스스로를 반성하는 능력의 상실은 자정 능력의 상실을 낳았다.

세계적으로 나타나는 인문학의 위기는 논쟁이 사라진 우리 사회의 현주소를 잘 보여준다. 지금 우리에게 필요한 것은 '등에'이다. 소크라테스가 강조한 그 쇠파리 말이다. 경쟁 이외에는 다른 아무런 자극도 받지 않기에 무딘 몸뚱이를 거대하게 불려가는 현대 사회에 지속적으로 따끔한 자극을 주는 침이 필요하다. 누가 등에의 역할을 할 것인가? 선구자나 초인이 나타나 우리를 인도할 수 있는 시대는 한참 지났다. 이제는 우리 스스로 등에가 되어야 한다.

《히스토리아 대논쟁》은 이러한 취지에서 마련되었다. 지난 수천 년에 걸친 인류 역사에서 주요한 국면마다 뜨거운 대논쟁이 있었다. 주요 사상가들의 대논쟁은 인간과 사회에 대한 통찰과 문제의식을 가득 담고 있는 인류 지식의 보고이다. 하지만 《히스토리아 대논쟁》을 통해 단순히 많은 지식을 획득하고자 하는 것은 아니다. 자신의 머리와 가슴으로 문제를 의식하고 분석하며 해결 방향을 모색할 수 있도록, 다시 말해 독자적 사고를 하는 데 기여하는 것이 일차적인 목적이다. 비판적 사고, 논리적 사고, 창의적 사고의 발전을 이루는 데 활발한 토론과 논쟁만큼 빠르고 바른 길은 없다.

자, 이제 논쟁의 바다에 빠져들자!

논쟁으로의 초대 1

소크라테스와 아리스토텔레스

현대 사회는 도덕적 가치보다는 경제적 가치가 중심이 된 사회, 더 나아가서는 다원화된 가치를 추구하는 사회를 특징으로 하고 있다. 그렇기 때문에 도덕의 원칙을 세운다는 것 자체가 몹시 어려운 문제가 되어버렸다. 도대체 도덕이란 무엇인지, 어떻게 만들어질 수 있는 것인지, 보편적인 성격을 띠는 도덕이라는 게 있기는 한 것인지…. 어떤 면에서는 도덕 자체의 존립까지 위협받을 수 있는 상황이다. 그럴수록 도덕 문제의 원류를 이해하고 도덕의 본질, 도덕의 습득과 실천을 탐구하는 것은 현대 사회를 살아가는 우리들에게 매우 중요하다. 신문이나 TV 뉴스를 통해 인간 소외, 도덕성의 상실, 아이들의 도덕 교육 문제를 접할 때, 나아가 전 지구적인 환경오염, 전쟁, 기아 등의 현실을 접할 때면 더욱 그러하다.

　이러한 문제의식을 바탕으로 〈소크라테스와 아리스토텔레스의 도덕 논쟁〉에서는 '덕(德)은 지(知)인가, 아니면 덕은 별도의 선의지(善意志)를 필요로 하는가', '인식론과 윤리학은 구분되어야 하는가, 통일되어야 하는가', '덕은 이성에 의해서만 확립되는가' 에 대해 논의한다. 그리고 이를 통해 두 사상가의 진정한 차이가 무엇이고, 그러한 논쟁의 실천적인 의미가 무엇인지, 현대 사회와 어떠한 연관이 있는지에 대해 짚어보고 '지금 여기' 의 우리를 돌아보게 한다.

논쟁으로의 초대 2

사르트르와 리오타르

"과연 지식인은 존재하는가?" 하는 탄식의 목소리가 높다. 인류의 보편적인 문제에 대해 전망을 제시하고 이를 실천적으로 견인해나가는 지식인이 사라졌다는 의미로 지식인의 죽음을 말하는 사람들이 많아지고 있다. 또한 오늘날의 지식인들은 지적인 성실성과 실천에 있어서 진정성을 상실하고 대중적 명망을 추구하는 일에만 몰두하고 있다는 비판의 소리도 높다.

〈사르트르와 리오타르의 지식인 논쟁〉은 오늘날 지식인이 서 있는 현 주소를 정확히 인지하고, 지식인의 죽음 또는 종말이 제기되는 원인을 찾아나가는 과정이다. 이를 통해 지식인의 본질적인 성격을 분명히 하고, 지식인이 보편적인 주체로서의 역할을 할 수 있는지, 지식인과 사회 혹은 지식인과 대중이 어떤 관계를 맺어야 하는지에 대한 점검과 모색을 해나갈 수 있다.

〈사르트르와 리오타르의 지식인 논쟁〉은 '지식인이란 무엇인가', '지식인은 보편적인 주체의 역할을 할 수 있는가'에 대한 근본적인 질문으로부터 시작하여, 오늘날 지식인의 역할과 기능에 대한 치열한 논의를 담고 있다.

차례

책머리에 **왜 히스토리아 대논쟁인가?** 4

논쟁으로의 초대 1 **소크라테스와 아리스토텔레스** 6

논쟁으로의 초대 2 **사르트르와 리오타르** 7

1부 소크라테스와 아리스토텔레스의 도덕 논쟁

논쟁1 **'덕은 지' 인가, 아니면 덕은 별도의 선의지를 필요로 하는가?** ···· 12

    지식 넓히기 1 **도덕 논쟁의 의미와 배경** ································ 30

논쟁2 **인식론과 윤리학은 구분되어야 하는가, 통일되어야 하는가?** ···· 42

    지식 넓히기 2 **소크라테스와 아리스토텔레스** ···················· 58

논쟁3 **덕은 이성에 의해서만 확립되는가?** ······························ 68

원문 읽기 ··· 92

2부 사르트르와 리오타르의 지식인 논쟁

논쟁1 **지식인이란 무엇인가?** ·· 120
    지식 넓히기 1 **지식인 논쟁의 의미와 배경** ························· 136

논쟁2 **지식인은 보편적인 주체의 역할을 할 수 있는가?** ············ 146
    지식 넓히기 2 **사르트르와 리오타르** ································ 176

원문 읽기 ·· 184
키워드 ··· 208

1부
소크라테스와 아리스토텔레스의 **도덕 논쟁**

'덕은 지'인가, 아니면 덕은 별도의 선의지를 필요로 하는가?
인식론과 윤리학은 구분되어야 하는가, 통일되어야 하는가?
덕은 이성에 의해서만 확립되는가?

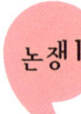

'덕은 지'인가, 아니면
덕은 별도의 선의지를 필요로 하는가?

박쌤 | 오늘은 소크라테스 선생과 아리스토텔레스 선생을 모시고 토론의 자리를 마련했습니다. 노구(老軀)를 이끌고 이 먼 곳까지 찾아주셔서 감사합니다. 따로 설명이 필요 없을 만큼 워낙 유명하신 데다가 다양한 분야에서 수많은 지적 성과를 쌓으신 두 분이기에 저도 긴장이 됩니다. 서양 학문의 수원지 역할을 하고 계신 두 분을 어렵게 모신 김에, 욕심을 내자면 여러 가지 문제를 모두 논의하고 싶습니다. 하지만 그 방대한 영역을 모두 다룰 수는 없는 노릇이어서, 이 자리에서는 두 분이 첨예하게 대립각을 세우고 있는 논쟁 가운데 도덕 문제에 대해 이야기를 나눠보겠습니다.

저 개인적으로는 도덕 문제에서 두 분이 일치하는 부분도 있지만, 다른 한편으로는 후대의 사람들이 평가하듯 무엇을 더 가미했는가 정도의 내용을 넘어서, 근본적으로 서로 다른 문제의식을 갖고 있는 것 같은데요. 오늘 그 점까지도 분명하게 이야기했으면 합니다. 이를 위해서 논쟁점을 분명히 하고 논의에 들어가는 것이 필요할 것 같습니다. 일단 그동안의 논쟁에 비추어볼 때 다음과 같이 세 가지로 논쟁점을 구분하는 것이 가능할 것 같은데요.

- '덕(德)은 지(知)'인가, 아니면 덕은 별도의 선의지(善意志)를 필요로 하는가?
- 인식론과 윤리학은 구분되어야 하는가, 통일되어야 하는가?
- 덕은 이성에 의해서만 확립되는가?

오늘은 이 세 가지 논쟁점을 가지고 차례로 논의를 하겠습니다. 도덕 문제에 대한 두 분의 논쟁이 우리 인류에 끼친 영향이 막대하다는 것은 누구도 부정할 수 없을 것입니다. 그러니만큼 후세대에 애정을 담뿍 담아 진지한 논쟁을 부탁드립니다.

아무래도 연장자이시니까 소크라테스 선생께서 먼저 말씀해주시겠습니까?

소크라테스 | 음, 나는 말이오, 한국에서 아리스토텔레스가 나의 윤리관을 발전시켰다고 학습하고 있다는 사실이 너무나 황당하네. 뭐 하긴, 이게 꼭 한국에서만 나타나는 현상은 아니네. 많은 사람들이 나와 아리스토텔레스를 하나로 묶어서 평가하곤 하니까. 따로 평가하

더라도 지극히 부분적인 영역에서의 차이만을 언급하고, 그나마도 하나의 흐름 속에서의 발전 과정으로 이해하는 경우를 자주 보았네.

당사자를 앞에 두고 이렇게 말하는 게 좀 그렇기는 하지만, 아리스토텔레스가 나의 문제의식을 왜곡하고, 또한 인간이 가져야 하는 진정한 윤리를 오염시키는 역할을 했다고 생각하네. 더 나아가서는 중세와 근대를 거쳐 21세기에 이르기까지 도덕적, 학문적 혼란을 불러일으키는 데 적지 않은 영향을 미쳤다고도 생각하네.

사실 화가 나기도 해. 이 사람이 내가 공들여 쌓은 탑을 무너뜨리고 있는 것 같아서 말이야. 더 솔직히 말하자면, 이 자리에도 나올까 말까를 고민하다가 개인의 감정보다는 진실이 중요하다는 생각에 나왔지. 내가 원래 이런 자리를 한 번도 피해본 적이 없을 만큼 토론을 좋아해서, 오랜만에 의미 있는 시간을 만들어나갈 수 있을 것 같기도 했고.

어쨌든 대화를 시작해보세. 다만, 나는

아리스토텔레스가 나의
문제의식을 왜곡하고, 또한 인간이
가져야 하는 진정한 윤리를 오염시키는
역할을 했다고 생각하네.

다른 사람의 말에 질문을 던지는 방식으로 논리를 전개하는 산파술이 장기이니 먼저 말할 기회를 양보하겠네. 아리스토텔레스, 자네는 내 제자인 플라톤의 제자이니 내게는 까마득한 제자인데, 어떤 이유로 덕의 문제를 가지고 나를 비판했는가?

아리스토텔레스 | 이것 참…, 소크라테스 선생께서 제게 그렇게 화가 나 계신 줄은 잘 몰랐습니다. 한 번도 제가 소크라테스 선생의 제자인 것을 부정한 적이 없고, 선생의 제자임을 항상 자랑스럽게 생각해왔습니다. 또한 나름대로는 선생의 부족한 부분을 제가 더 채웠다고 자부하고 있었습니다. 혹여 선생께서 뭔가 오해를 하고 계신 것은 아닌가 싶네요.

물론 선생과 저의 윤리관에 일정하게 차이가 있다는 것은 부정할 수 없는 사실입니다. 하지만 차이가 있다고 해서 그 전의 것을 모두 부정하는 것은 아니지 않습니까? 오히려 차이를 분명히 함으로써 더 발전적인 모색을 할 수도 있고요. 제가 이러한 경우에 해당한다고 생각하고 있었는데…, 칭찬은 못해주실망정 제가 후세들의 윤리관을 오염시켰다고 하시니 섭섭합니다.

결론부터 간단히 말하자면, 저는 선생이 덕(德)과 지(知)를 동일한 개념으로 본 것은 옳지 않다고 생각합니다. 선생은 올바름, 다시 말해 진리가 곧 훌륭함(덕)이라고 말씀하시지 않았습니까?

소크라테스 | 물론 그랬지. 사석이건 공석이건 기회가 있을 때마다 강조한 내용이지. 그리고 많은 사람들이 모인 재판정에서 최후의 변론

을 할 때도 분명 그렇게 말했네. 자네도 알다시피, 내가 젊은이들을 타락시키고 있다는 죄로 고소를 당해 재판정에 섰지 않았나. 나는 그 자리에서 아주 단호한 어조로 이렇게 말했네.

> 위대하고 강력하며 현명한 아테네 시민인 그대, 나의 벗이여, 그대는 최대한의 돈과 명예와 명성을 쌓아올리면서 지혜와 진리와 영혼을 최대로 향상시키는 일은 거의 하지 않고, 이러한 일을 전혀 고려하지도 주의하지도 않은 것을 부끄러워하지 않는가?

돈과 명예만 추구하고 진리에는 소홀한 사람들에게 무엇보다도 올바름, 아름다움에 대한 진리를 탐구함으로써 덕에 이를 수 있다고 가르쳤던 게 왜 잘못이냐고 따졌던 것이지. 나로서는 한심한 젊은이들이 덕(virtue)을, 출세를 위한 힘과 기술적인 처세술 정도로만 치부하는 현실을 더 이상 방관할 수 없었다네. 그래서 지혜, 용기, 절제, 정의를 인식하는 것이 진정한 덕임을 입술이 부르트도록 외치고 다녔는데, 그게 왜 잘못됐다는 건가?

아리스토텔레스 | 선생께서 덕을 강조한 것 자체에 대해서는 저도 반대하지 않습니다. 더 많은 덕을 쌓는 것은 당연히 좋은 일이지요. 또한 올바름에 대한 탐구를 게을리 하지 말아야 한다는 것에 대해서도 반대할 이유가 전혀 없습니다. 저 역시 사람들이 진리에 도달할 수 있도록 다양한 분야에 걸쳐 저술 활동을 했는걸요.

다만 선생께서 단지 덕의 중요성과 지식의 중요성을 강조하는 데 머무르고 있지 않다는 데 문제가 있습니다. 선생께서는 덕과 지를 하나로 보고 계십니다. 저는 선생이 "덕이 곧 지식"이라고 주장하는 것을 비판하고 있는 것입니다. 아니, 상식적으로 생각해봐도 이 두 가지가 어떻게 일치할 수 있겠어요? 덕을 안다고 해서 그것을 행하는 경향이 조금이라도 증가하게 되는 것은 아니지 않습니까? 아는 것과 행하는 것은 다른 문제니까요.

예를 들어 어떤 사람이 의술에 대해 잘 알고 있다고 해봅시다. 그는 알고 있기 때문에 의술을 행할 수 있지만 반대로 행하지 않을 수도 있는 거 아닙니까? 어떤 사람이 수영을 배우기 위해 책을 가지고 수영 이론을 완벽하게 습득했다고 가정해봅시다. 이제 이 사람은 물에 들어가자마자 수영을 할 수 있을까요? 어쩌면 물에 빠져 죽거나, 적어도 한참은 물을 먹어야 할걸요. 확실히 수영 이론에 빠삭하다고 해서 수영을 잘할 수 있는 것은 아닙니다.

> 덕을 안다고 해서 그것을
> 행하는 경향이 조금이라도 증가하게
> 되는 것은 아니지 않습니까? 아는
> 것과 행하는 것은 다른 문제니까요.

어떤 것이 옳다고 생각하면서도 그릇된 행동을 하는 사람들이 있습니다. 박쌤도 잘 알고 있겠지만 21세기 사회에서는 화이트칼라 범죄가 기승을 부린다고 하던데, 그 사람들이 무식해서 범죄를 저지르는 것은 아니지 않나요? 오랜 기간 교육을 받아서, 적어도 지식적인 측면에서 무엇이 선이고 무엇이 악인지는 구별할 줄 아는 사람들일 텐데요. 오히려 법에 대해 훤히 알고 있기에 법망을 피해 교묘하게 범죄를 저지르는 경우도 있지 않나요?

박쌤ㅣ 아무래도 소크라테스 선생께서 왜 '덕'과 '지'를 하나라고 생각하는지 좀 더 구체적으로 설명해주셔야 할 것 같습니다. 어떻게 보면 아리스토텔레스 선생은 사람들이 일반적으로 생각하는, 상식적인 얘기를 대변하고 있다고도 볼 수 있을 것 같거든요. 흔히 사람들은 자기 자신을 돌아보면서, 무엇이 옳은 행위인지 알고 있으면서도 실천을 하지 않거나 오히려 잘못된 행동을 하기도 한다는 것을 경험적으로 알고 있거든요.

거짓말을 하거나 남을 속이는 일이 잘못이라는 것을 잘 알면서도 종종 그러한 행위를 하니까요. 그래서 아리스토텔레스 선생의 주장이 타당하다고 생각하는 사람이 많아요. 그들은 소크라테스 선생의 주장이 참으로 순진하거나 지나치게 원칙론적인 게 아닌가 생각하기도 하죠. 심지어 이렇게 너무나 당연한 것을 가지고 왜 소크라테스나 아리스토텔레스 선생이, 또한 그 이후에도 적지 않은 후대의 사상가들이 그토록 오랫동안 논쟁을 했는지 도무지 이해를 못하기도 합니다.

소크라테스 | 알았네. 나도 오늘 단단히 벼르고 나온 터이니 본격적으로 논의를 해보겠네. 이보게, 아리스토텔레스. 올바름에 대해 안다는 것은 단지 어떤 것을 이해하는 데 머무는 것이 아니라 그 올바른 행위를 실천한다는 것을 전제하는 것이어야 하지 않겠는가? 그래야 진정 '안다'라고 할 수 있는 것 아닌가? 안 그러면 안다는 게 도대체 무슨 의미가 있겠는가 말일세.

박쌤 말대로 사람들이 "나는 그것이 잘못인 줄은 알고 있었지만 그렇게 하지 않을 수 없었다."고 하는 경우가 흔히 있다는 것을 나도 잘 알고 있네. 하지만 그렇게 말하는 사람에게 나는 이렇게 이야기해주고 싶군.

"그러한 앎은 진정한 진리일 수 없네. 당신은 다른 사람이 당신의 행동을 나쁘게 생각한다는 사실을 알 수도 있네. 그런데 만약 당신 스스로 그것이 나쁘다는 사실을 알았다면, 당신은 그 일을 하지 않았을 것 아닌가? 따라서 당신의 잘못은 올바로 통찰하지 못한 데 있네. 다시 말해 당신은 선한 것을 파악하지 못한 거지. 당신은 바로 그 순간에 선한 것으로 보였던 어떤 쾌락에 잘못 인도되었던 것일세. 만약 당신이 선한 것을 파악했더라면 그것에 의욕을 가졌을 것이며, 그에 따라 행동했을 것이네. 순수한 의지와 진지한 통찰력이 일단 선한 것으로 향하게 되면, 누구도 그 자신의 참된 의지에 반하는 잘못을 저지르지 않는다네."

아까 말했던 '나에 대한 재판'에서 내가 돈이나 명예가 아니라 진리를 추구해야 한다고 말했을 때, 나는 그리스 사람들이 보일 반응에 대해서도 다음과 같이 언급했었네.

내가 논쟁을 하고 있는 사람이 "천만에요. 나는 유의하고 있습니다."라고 말하더라도, 나는 곧 그와 헤어지거나 그가 도망가게 놓아두지는 않을 것입니다. 오히려 질문을 계속해서 그에게 캐묻고 그의 주장을 시험하며 논파할 것이고, 만일 그가 덕이 없으면서도 덕을 가졌다고 주장할 뿐이라고 생각되면, 나는 가장 가치 있는 것을 과소평가하고 가치가 적은 것을 과대평가한다고 그를 비난할 것입니다.

　내가 왜 이런 말을 했겠나? 나와 논쟁하는 이가 자신의 지혜와 진리, 영혼의 향상을 위해 힘쓰고 있다 하더라도 논쟁을 계속하겠다는 것이었네. 그가 이미 노력하고 있다고 말하는데도 내가 왜 비판을 하겠다고 했겠나? 상대방이 유의하고 있지 않으면서 유의하고 있다고 거짓말을 하고 있는 것처럼 보여서? 그랬다면 내 말 자체가 우스워지겠지. 내가 아무리 그를 비판하는 입장이라고 해도, 논쟁은 상대방이 진지하다는 걸 전제로 해야 하니까 말이야. 상대방도 진지하다고 전제하면, 결국 내가 강조하고자 하는 바는 내가 생각하는 지혜와 진리, 영혼 향상의 의미와 상대방이 생각하는 그것이 서로 다르다는 것임을 알 수 있을 거네.

　그 다음에 말한 "만일 그가 덕이 없으면서도 덕을 가졌다고 주장할 뿐이라고 생각되면"이라는 것도 마찬가지야. 많은 사람들이 진정한 덕을 갖고 있지 않은데도 가지고 있는 양 착각을 하거든. 단지 지혜와 진리, 영혼의 향상을 위해 힘쓰는 게 좋다고 생각하는 것 자체가 덕일 수는 없네. 진정으로 이를 안다는 것은 이를 실행할 의지도 함께 갖고 있을 때라고 봐야 하는 것이지. 결국 그들이 말하는 덕은 진정할 덕일 수 없고, 그렇다면 없는 것이나 마찬가지라는 게 나의 주장이네.

나의 경우만 해도 그렇지 않겠는가? 내가 사형 선고를 받고 감옥에서 집행일을 기다리고 있을 때 많은 사람들이 찾아와서 국외로 망명을 하라고 설득했네. 악처로 유명한 내 아내 크산티페도 찾아와서 "당신은 부당하게 사형을 당하는 거예요!"라고 해서, "그럼 당신은 내가 정당하게 사형당하기를 원하는가?"라고 면박을 줘서 돌려보냈었지. 크리톤은 좀 끈질기게 탈출을 설득했네. 하지만 나는 내가 동의한 그 법에 따라 이 국가에서 한평생을 살아왔기에 중요한 순간에도 이를 어길 수 없다는 이유로 거절을 했네. 행하지 않을 거라면 어찌 내가 법이나 국가에 대해 진리를 안다고 말할 수 있겠는가? 만약 덕과 지를 분리시키면 덕이란 게 알맹이 없는 껍데기요 앙꼬 없는 찐빵처럼 유명무실한 상태가 되어버릴 것이네. 이를 두고 우리가 덕과 훌륭함을 말한다면 정말 우습지 않겠는가? 그런데도 자네는 이 상태를 방치하자는 건가?

아리스토텔레스 | 그런 건 아닙니다. 저 역시 덕과 지가 깊은 관계를 맺고 있다는 걸 부정하지 않습니다. 어느 것이 훌륭한 것인지 알기 위해서는 당연히 지식이 필요하죠. 덕이란 분명히 의식적인 것이어야 하고, 그런 점에서 덕은 지와 밀접한 관련을 맺고 있습니다.

하지만 관계가 깊다는 것과 일치한다는 것은 전혀 다른 문제입니다. 덕은 실행의 문제와 떼려야 뗄 수 없는 관계에 있잖아요. 그런데 안다는 것과 실천하는 것 사이에는 적지 않은 간극이 있습니다. 그래서 저는 덕과 지의 간극을 메울 수 있는 아주 중요한 걸 찾아냈습니다. 바로 '선의지(善意志)'이지요. 알고 있는 것을 실행에 옮길 실질적인 의지 말입니다. 또한 실행에 옮기는 문제를 고려할 때, 어떻게 해야 덕이 실현될 수 있는가 하는 방법론의 문제도 고민해야 할 겁니다.

선생도 아시겠지만 모든 것에는 목적과 수단이 있습니다. 덕은 우리에게 올바른 목적을 목표로 삼게 하는 역할을 합니다. 하지만 목표가 있다고 해서 그것이 늘 실현되는 것은 아니라는 것쯤은 삼척동자도 아는 사실입니다. 그런데 똑똑하신 선생께서 자꾸 그리 말씀하시니까 답답하기 그지없습니다.

제가 보기에 선생은 지식 자체는 윤리적으로 중립적이라는 점을 알지 못해서 자꾸 엉뚱한 말씀을 하고 계신 것 같습니다. 상식적으로 생각할 때 어떻게 지식 자체에 윤리적인 가치판단이 결합되어 있겠습니까? 중립적인 지식에 좋은 목적을 향한 의지가 더해짐으로써 선이 이루어진다고 보아야 합니다.

이렇듯 선의지는 우리로 하여금 목적에 해당하는 덕을 실현시킬 수 있는 올바른 수단을 사용하게 하는 역할을 담당하지요. 다시 말해 덕은 올바른 선택을 하게 하지만, 그 선택을 수행하기 위해서 무엇을 해야 하는가 하는 문제는 덕의 영역이 아니라 다른 능력의 영역에 속하는 것입니다. 그렇기 때문에 엄격한 의미에서 선의지 없이는 선한 사람이 될 수 없지요.

소크라테스 | 아니, 이 젊은 친구가 이제 빈정대기까지 하네. 실천할 의지 없이 여기저기서 주워듣거나 책을 통해 많은 것을 아는 사람은 이 세상천지에 쌔고 쌨네. 내가 살던 시대에서는 소피스트들이 그러했지. 또한 그 이후에도 얼마나 많은 지식인들이 앎의 문제와 실천의 문제를 분리시켜서, 비도덕적인 행동을 서슴지 않으면서도 단지 많은 지식을 갖고 있다는 이유만으로 지혜로운 자인 양 행세하고 다녔는지 생각해보게. 자네는 이러한 사람들이 진정으로 진리를 알고 있는 상태라고 말할 건가? 진리라는 게 고작 그렇게 허접한 껍데기요, 책 속의 글자에 불과하다고 생각하나? 젊은 친구가 진리를 너무 얄팍하게 생각하는 게 아닌가?

아리스토텔레스 | 아니, 선생님. 젊은 친구라뇨. 그리고 얄팍하다뇨. 말씀을 함부로 하시는 거 아닙니까?

박쌤 | 두 분 선생님, 흥분을 좀 가라앉히시지요. 어차피 두 분의 논쟁은 2000년이 넘도록 후세들에 의하여 지속되고 있는데, 새삼스레 흥분하실 필요는 없으실 것 같습니다. 소크라테스 선생께서는 지와 덕을 동일하게 보는 것이 왜 중요한지 좀 더 구체적으로 말씀해주셨으면 합니다. 그래야 단순히 개념을 놓고 벌이는 공허한 말싸움이 아니라 실천적 의미가 있는 논의가 될 테니까요.

소크라테스 | 흠흠…, 알았네. 박쌤같이 어린 사람도 앞에 있는데, 내가 좀 흥분했네그려. 이보게, 아리스토텔레스. 어떤 사람이 몰라서

올바르지 못한 행동을 했다고 가정해보세. 그가 몰랐다고 해서 그의 잘못된 행동이 인정받거나 용서받을 수 있겠는가? 또한 모르는데 어찌 올바른 행동을 할 수 있겠는가? 그러니 일차적으로 악덕은 무지에서 비롯된다고 봐야 하지 않겠는가? 무지는 악덕으로서 비판받아 마땅하네. 이러한 논리를 역으로 생각하면 덕은 지에서 오는 것임을 알 수 있지. 또한 자네 말대로 알면서 나쁜 행동을 하는 사람은 무의식적으로 나쁜 행동을 한 것이거나, 아니면 진정으로 아는 것이 아니라 아는 체를 한 것에 불과하네.

그러므로 단순히 "안다는 것과 올바른 행동은 관련이 있다."고 말하는 것만으로는 부족하네. 이 두 가지가 동일한 성격을 띠는 것으로 파악될 때 사람들은 '안다는 것'에 대해서도 더 진지하게 탐구하려 할 걸세. 그런 점에서 지식은 단편적인 것이 아니라 진정한 확신을 의미하는 것이라고 봐야 하겠지.

요즘 젊은이들이 안다는 것을 처세술 정도로 생각하는 원인이 무엇이겠나? 자네처럼 안다는 것을 올바른 행동과 분리하여 그저 머릿속의 지적 능력 정도로만 생각하고, 하나의 수단으로 취급하니 그러한 현상이 생기는 것일세. 지와 덕을 하나로 인식할 때에야 인식을 생각의 도구 정도로 취급하는 잘못에서 벗어날 수 있을 것이네.

아리스토텔레스ㅣ 거듭 말씀드리지만, 저 역시 지식의 중요성 자체를 부정하는 것은 아닙니다. 예를 들어 누군가가 아무 생각 없이 어떤 행위를 했는데 우연히 올바른 행위와 일치할 수는 있지만, 우리는 그런 사람을 옳은 사람이라고 하지 않습니다. 혹은 올바른 일을 했더라도 자신의 판단과 의지에 의해서가 아니라 누군가의 명령에 따라 어쩔 수 없이 그런 거라면 마찬가지로 옳은 사람으로 볼 수 없습니다. 어떤 행위 그 자체가 옳다고 생각했기 때문에 스스로 그 일을 선택하는 사람이 옳은 사람이죠.

그런데 지와 덕의 관계는 딱 여기까지입니다. 올바른 선택이 곧바로 올바른 행위로 이어지는 것은 아니기 때문입니다. 올바른 선택을 했고 이를 실현하고자 노력했지만, 잘못된 방법에 의지하면 원래의 목표를 이루지 못하고, 심지어는 목표와 상치되는 결과에 이를 수도 있는 것 아닐까요? 그렇기 때문에 올바른 선택을 어떻게 실현시킬 수 있을까 하는 문제는 덕의 영역에 속하는 문제가 아닙니다. 별도의 능력이 필요한 것이죠. 목표에 잘 도달할 수 있게 하는 별도의 능력 말입니다.

바로 이것이 선의지의 문제입니다. 올바른 목표를 설정하기 위해서는 지와 덕이 필요하고, 이것이 현실에서 올바른 행위로 귀결되기 위해서는 별도로 선의지가 필요하지요. 이제 제 말이 이해가 좀 가시나요? 그런 점에서 선생은 지나치게 관념적인 말씀만 하시고 구체적인 현실의 문제는 제대로 못 보시고 계신 게 아닌가 하는 의문이 듭니다.

소크라테스 | 이것 보게나, 아리스토텔레스. 그건 말 그대로 방법론의 문제가 아닌가? 자네는 사람들이 과연 방법론을 몰라서 부덕한 행동을 한다고 생각하나? 어떤 것이 올바른 가치인지는 잘 알고 있지만, 단지 이를 이행할 방법론을 찾지 못해서 덕을 이행하지 않는다

고 생각하나? 현실은 오히려 그 반대의 상황 아닌가? 대부분의 사람들은 부나 권력의 영역에서 성공하는 것을 최고의 가치로 여기고 있지 않은가? 즉 부나 권력을 부끄러운 것으로 여기면서도 어쩔 수 없이 이를 추구하는 것이 아니라, 이것을 실현하는 것이 마치 인간의 가장 올바른 행위인 양 살아가고 있는 것이 현실이고, 이 과정에서 필연적으로 덕은 점점 설 자리를 잃어가고 있는 것이 아닌가?

자네도 알다시피, 나는 매일 사람들을 만나고 논쟁을 하면서 그들이 덕을 행할 때 장애가 되는 지점이 어디인지 짚어보았네. 사람들이 찾아오기를 기다린 것이 아니라 직접 길거리로 나가 그들에게 묻고 비판하면서 그들의 문제를 접했네. 자네가 구체적인 현실 운운했는데, 이것이야말로 가장 구체적인 현실이 아니고 무엇이겠는가? 자네야말로 사람들과 직접 만나는 대신, 자네가 세운 리케이온이라는 학교에서 제자들과 호젓하게 숲 속을 산책하며 토론에만 열중한 나머지 지나치게 현학적인 이론에 빠진 게 아닌가 걱정이 되네.

박쌤ㅣ 소크라테스 선생님이 활동하시던 그리스나 제가 살고 있는 21세기 현대 사회나 사정은 비슷한 것 같군요. 현대 사회에서도 화폐의 논리, 권력의 논리가 현실을 지배하면서 무엇이 진정 올바르고 가치 있는 것인지에 대한 진지한 논의는 거의 사라져버렸거든요.

예를 들어 한국의 옛날이야기 가운데 《흥부전》이라는 게 있습니다. 가난하지만 착한 동생 흥부와 부자이면서 마음씨가 고약한 형 놀부의 이야기이지요. 당연히 흥부는 착한 인간의 대명사였고 놀부는 악한 심성과 행위를 대표했습니다. 하지만 현대 한국 사회에서

관심의 대상은 오직 놀부입니다. '놀부 부대찌개', '놀부 갈비' 등 놀부를 상표화할 정도입니다. 수단과 방법을 가리지 않고 부를 축적한 놀부가 현대인에게 바람직한 인간상으로 자리를 잡아가고 있는 것이죠. 그러나 흥부를 상표화한 경우는 찾아볼 수 없습니다. 현대인에게 흥부는 가난한 형편에도 불구하고 대책 없이 아이를 많이 낳은, 무능하고 게으른 인간의 표상처럼 여겨지고 있습니다. 그 연장선상에서 한국에 일고 있는 하나의 트렌드가 '부자 아빠, 가난한 아빠' 신드롬입니다. 부자 아빠는 좋은 아빠이고 가난한 아빠는 뭔가 무능하고 바람직하지 않은 모습으로 전락한 것이죠.

많은 경우, 판단은 오직 계산이 가능한 가치의 크기에 따라 결정됩니다. 사회든 개인이든 경제적 이익을 더 많이 얻을 수 있으면 그것이 가장 올바르고 도덕적인 것이라 여기고 있습니다. 그러한 의미에서 목적은 더 이상 고민의 대상에서 제외되어버렸어요. 목적은 이미 주어져 있고, 오직 그것을 실현시킬 수 있는 효율적인 방법론만 고민하면 되는 것처럼 여겨지고 있죠. 그런 점에서 소크라테스 선생의 말씀을 진지하게 검토할 필요가 있는 것 같은데, 이에 대해 아리스토텔레스 선생님은 어떻게 생각하시는지요?

아리스토텔레스 | 제가 말하고자 하는 것은 막연한 덕의 문제가 아니라 엄밀한 의미에서의 덕입니다. 목적을 소홀히 다루어도 된다는 의미가 결코 아닙니다. 당연히 목적을 중요하게 여겨야겠죠. 목적 없는 수단이란 알맹이 없는 껍데기에 불과할 테니까요. 제가 문제 삼고 있는 것은 덕이 학문적으로 엄밀한 것이 되기 위해서는, 덕이 단순

히 부와 권력의 문제가 아니라 지혜, 용기, 절제, 정의의 문제라는 것을 일깨우는 것만으로는 너무나 부족하다는 점입니다.

 소크라테스 선생은 평생 동안 '덕이란 무엇인가'를 일깨우기 위해 노력하셨지요. 그리고 이를 제대로 일깨우기만 한다면 모든 사람들이 올바른 행위를 하게 될 것이라 믿고 계시지요. 하지만 저는 거기에 머물러서는 안 된다고 끊임없이 주장해왔습니다. 도덕이 진정한 의미에서 학문적인 성격을 띠려면 그런 단순한 접근을 넘어서는 일보 전진이 필요합니다. 학문이 되기 위해서는 목적만이 아니라 수단에 대해서도 엄밀한 분석이 필수거든요.

 그런데 소크라테스 선생은 수단을 무시하고 계신 것 같아요. 저는 수단으로서 선의지를 중요하게 생각합니다. 소크라테스 선생께서 말씀하신 지혜, 용기, 절제, 정의가 덕의 주요한 부분이라는 것에는 저도 기본적으로 동의합니다. 그렇지만 주요 덕목만을 반복해서 강조한다고 해서 현실의 상태가 조금이라도 나아질까요? 결국 우리는 수단의 문제에 주의를 기울여야 합니다. 학문으로서의 덕은 선의지 없이는 제대로 성립할 수 없습니다. 덕이 없이 선의지 있는 사람이 될 수 없듯이, 선의지 없이는 엄격한 의미에서의 선한 사람이 될 수 없다는 게 제 생각입니다.

 그래서 저는 도덕의 문제를 인식의 문제에 대충 섞어놓는 것을 넘어서 윤리학 그 자체에 대한 깊이 있는 고민을 담아 《니코마코스 윤리학》이라는 책을 완성했죠. 소크라테스 선생님, 덕의 문제를 윤리학으로 발전시킨 저에게 칭찬은 못하실망정 비판을 하시는 건 좀 부당한 게 아닌가요?

소크라테스 | 아무리 착각은 자유라지만 자네의 착각은 좀 심각하네그려. 자기가 한 짓이 우리 그리스 시대만이 아니라 중세와 근대를 거쳐 박쌤이 살고 있는 21세기 사회에 이르기까지 크나큰 해악을 미치고 있다는 걸, 자네가 그 해악의 주범이라는 걸 아직도 모르고 있으니 참 딱하네. 자네가 윤리의 문제를 학문으로 발전시킨답시고 만들어놓은 그놈의 《니코마코스 윤리학》만 생각하면 난 뒷골이 쑤신단 말일세. 그 책이 윤리의 문제가 진리의 문제와 떨어져서 이상한 방향으로 가는 물꼬를 터버렸거든.

박쌤 | 두 분 선생님의 논쟁이 이제는 윤리학이라는 것이 별도로 정립되어야 하는 영역인지, 아니면 진리라는 큰 틀 내에서 구별 없이 머물러야 하는 것인지의 문제로 넘어가고 있는 것 같습니다. 제가 보기에도 이 문제가 윤리의 문제를 고민하는 데 있어 매우 중요한 논쟁점인 것 같습니다. 그러면 논의를 더 진전시키기 위해서라도 아리스토텔레스 선생님이 주장하시는 것처럼 인식론과 윤리학은 구분되어야 하는지, 아니면 소크라테스 선생님의 지적처럼 이 두 가지가 통일되어야 하는지의 문제로 넘어가도록 하겠습니다.

지 식 넓 히 기 1

도덕 논쟁의 의미와 배경

도덕 논쟁은 왜 중요한가

현대 사회는 도덕적 가치보다는 경제적 가치, 더 나아가서는 다원화된 가치를 추구하는 사회를 특징으로 하고 있다. 그렇기 때문에 도덕의 원칙을 세운다는 것 자체가 너무나 어려운 문제가 되어버렸다. 도대체 도덕이란 무엇인지, 어떻게 만들어질 수 있는 것인지, 보편적인 성격을 띠는 도덕이라는 게 있기는 한 것인지…. 도덕 문제는 수많은 난관에 봉착해 있다. 어떤 면에서는 도덕 자체의 존립까지 위협받을 수 있는 상황이다.

　도덕 문제는 동서양을 막론하고 철학적 사유가 대대적으로 분출되었던 고대 국가 형성기부터 이미 주요한 논쟁점이었다. 서양에서는 고대 그리스의 소크라테스와 소피스트, 아리스토텔레스 사이에 치열한 논쟁이 있었다. 그리고 동양에서는 춘추전국시대에 공자를 중심으로 한 유가(儒家)와 노자를 중심으로 한 도가(道家), 법가(法家) 등 다양한 학문적, 사상적 입장에서 뜨거운 논쟁이 벌어졌다. 급할수록 돌아가라고 했듯이 도덕의 본질, 도덕의 습득과 실천을 탐구하는 데 있어 원조에 해당하는 고대 사상가들의 고민을 통해 우리의 문제의식을 확장하는 것은 매우 중요하다. 그러나 동양에서의 도덕 논쟁은 다음 기회로 미루고, 여기서는 소크라테스와 아리스토텔레스의 도덕 논쟁을 중심으로 실마리를 찾아나가고자 한다.

한국의 교육 과정에서도 두 사상가의 윤리관을 다루기는 한다. 소크라테스의 윤리관은 '지행합일설(知行合一說)'이라는 이름으로 축약시켜놓았는데, 무엇이 올바른 것인지를 아는 사람은 그것을 행하려고 하며, 그릇된 행위는 무엇이 선악인지를 모르는 무지에서 비롯된다는 주장으로 소개되고 있다. 소크라테스는 "너 자신을 알라."라는 말에 근거하여 지식을 주요한 기반으로 삼는 것이 옳다는 주지주의(主知主義) 입장을 대표한다고 소개되어 있다.

아리스토텔레스의 윤리관은 그러한 주지주의에 기초하여 의지를 주요한 기반으로 삼는 것이 옳다는 주의주의(主意主義) 입장이라고 설명되어 있다. 아리스토텔레스는, 덕은 단순히 지식을 통해 성취되는 것이 아니고 선한 행위를 실천하고자 하는 선의지, 즉 실천지(實踐知)가 있을 때 가능하다고 주장했다. 그는 소크라테스의 윤리관에 도덕적 실천의지의 중요성을 덧붙여서 도덕적 책임을 추궁할 수 있는 철학적 근거를 마련했다는 평가를 받는다.

결론적으로 말하자면, 아리스토텔레스가 소크라테스 윤리관에 선의지를 가미함으로써 도덕 논쟁을 한 걸음 더 발전시킨 것 정도로 배운다. 아니, 정확히 말하자면 그렇게 암기한다. 두 사상가의 진정한 차이가 무엇이고 그러한 논쟁의 실천적인 의미가 무엇인지, 현대 사회와는 어떠한 연관이 있는지에 대해서는 제대로 풀어내고 있지 못한 경우가 대부분이라고 할 수 있다.

도덕 논쟁의 등장

소크라테스와 아리스토텔레스의 도덕 논쟁이 갖는 의미를 제대로 이해하기 위해서는 역사적 배경에 대한 약간의 지식이 필요하다. 철학은 시대적인 조건과 무관하게 순수하고 독립적으로 자가 발전하는 것이 아니기 때문이다. 한 시대를 대표하는 철학은 어떤 방식으로든지 간에 당시의 시대적인 과제와 관련을 맺으며 등장하고 영향력을 발휘하는 것이 일반적이다.

러셀은 《서양철학사》에서 다음과 같이 말한다. "플라톤과 그 후의 철학자들을 이해하려면 스파르타에 대하여 어느 정도 알아야 한다. 스파르타는 그리스 사상에 이중의 영향을 끼쳤다. 현실과 신화를 통한 영향이 그것으로, 양자가 모두 중요하다. 현실적인 영향이란 스파르타가 전쟁을 통해 아테네를 패배시킨 일을 말한다."

아테네인들은 아테네가 이 세상의 중심이라고 생각했다. 중국인들이 중국을 세상의 중심이라고 생각했던 중화사상과 마찬가지로 말이다. 그러했으니 스파르타에 패배했다는 사실은 아테네인들에게 엄청난 충격이 아닐 수 없었다. 단순한 충격을 넘어서 지식인들 사이에 스파르타에 대한 동경의 분위기가 확산되기도 했다. 소크라테스와 플라톤은 스파르타를 이상적인 국가로 여겼던 대표적인 지식인이었다.

아테네인들이 스파르타에 경탄한 이유는 여러 가지가 있다. 물론 그 중에 빼놓을 수 없는 것이 군사력이었지만, 단순히 물리적인 요소에만 주목한 것은 아니다. 소크라테스를 비롯해서 당시 적지 않은

아테네가 스파르타에 패배한 펠로폰네소스 전쟁 당시의 고대 그리스

아테네인들이 스파르타에 경탄한 또 하나의 이유는 그 안정성에 있었다. 그리스의 다른 도시 국가들에서는 혁명이 일어나고 있었지만, 스파르타의 제도는 여러 세기 동안 변치 않고 그대로 남아 있었다.

그 근저에는 스파르타의 일사불란함이 있었다. 스파르타의 도덕 교육은 엄격하다 못해 혹독했다. 아이들은 나이 많은 청년의 감독 아래 집단별로 강한 인내력을 요하는 훈련을 받았다. 그들은 한 가지 옷으로 한 해를 나며 신발도 신지 않고 걸어다녔다. 또한 자신이 직접 채취한 풀로 만든 침대에서 잠을 잤다. 음식은 간단했으며, 종

도덕 논쟁 33

종 식량도 챙기지 않고 먼 곳을 다녀왔다. 아이들은 하루 종일 검열과 통제를 받았다. 자기 아이들뿐만 아니라 다른 사람의 아이들까지 훈계하고 처벌하는 것이 모든 성인의 의무이자 특권이었다. 그들은 끊임없이 체육 활동을 하고 군사 훈련을 받았다. 도덕적인 측면이나 신체적인 측면에서 그들은 군사 국가의 유능한 성원을 만드는 데 결코 소홀함이 없었다.

당시 그리스는 고대 국가 형성 과정에 있었다. 고대 국가 이전의 씨족이나 부족 사회는 공동체적인 상호 이해에 근거하여 사회가 운영되었다. 규모가 작고 공동체적인 요소가 중심을 이루었으니 상호 이해에 기초한 조정만으로도 운영이 가능했던 것이다. 하지만 국가는 규모나 활동 영역에 있어서 새로운 규칙, 즉 법이나 제도를 비롯하여 국가라는 단위에 적합한 전혀 다른 사회 구성 원리를 필요로 한다. 소크라테스 철학은 상당 부분 고대 국가의 통치 이데올로기를 정립한 것이었다고 해도 과언이 아니다.

그런데 어떤 면에서 아테네의 민주정은 부족 연합체적인 성격을 반영하고 있기도 했다. 원로원은 사실상 부족장들의 회의체였고, 각 부족들의 영향력 아래서 직접민주제가 실시되고 있었다. 이에 비해 스파르타에서는 중앙집권적인 강력한 철권통치가 이루어지고 있었다. 소크라테스가 보기에 아테네가 스파르타와의 전쟁에서 패배한 가장 중요한 이유는 불안정한 국가 체제에 있었다. 그는 아테네를 제도적인 불안정에 빠트린 주범이 민주정이라고 생각했다.

소크라테스는 절대적인 진리를 추구했다. 그의 제자인 플라톤은 이를 극단화한 이데아론을 펼치기도 했다. 대체로 절대 권력은 절대

진리를 필요로 한다. 소크라테스의 절대론적 윤리관도 이와 깊은 연관이 있다. 기본적으로 민주정은 다양한 가치에 대한 인정을 전제로 토론과 투표를 통해 의사 결정을 한다. 소크라테스의 윤리관은 이러한 아테네 민주정의 철학적인 기반 역할을 했던 상대론적 사고를 뿌리에서부터 흔들어대는 시도였다. 소크라테스의 주장에 의하면, 도덕성은 소수의 선택된 사람들에게만 구비되어 있는 것이었다. 그는 민주제를 하층민의 권력이라고 하면서 거부했다. 소크라테스는 국가 권력은 귀족 계급에 속해야 하며, 귀족 계급은 참된 도덕성의 담지자라고 보았다.

아리스토텔레스의 윤리관은 소크라테스와는 다른 시대적 조건 속에서 형성된다. 러셀은 이에 대해 "스파르타가 쇠망한 후에 등장한 아리스토텔레스는 스파르타의 제도에 대해 혹평을 하고 있다. 아리스토텔레스가 서술한 바에 따르면 스파르타는 퇴폐적인 나라였다. 법률이 지나치게 엄격해서 일반 시민들이 견디기 어려울 정도였다."고 하였다.

아리스토텔레스의 활동기는 혼란의 시기였다. 아리스토텔레스에게 스파르타는 더 이상 이상향이 아니었던 것이다. 그렇다고 아리스토텔레스가 절대론적 사고를 부정하고 상대론적 사고를 주장한 것은 아니다. 그 역시 기본적으로는 절대적인 가치를 옹호했다. 소크라테스나 플라톤과 마찬가지로 그 역시 노예 소유주의 의식을 대변하기는 마찬가지였다. 그가 보기에 노예는 선천적으로 덕이 있는 생활을 할 가능성이 결여되어 있으며, 자유인만이 도덕적 생활을 영위할 수 있었다.

하지만 소크라테스와 플라톤이 이를 강조하기 위해 이성의 영역을 극단화하고 스파르타식 정치 체계와 연결시키려 했다면, 스파르타의 쇠망을 목격한 아리스토텔레스에게 이는 너무나 과도한 시도로 보였다. 그 결과 이상적인 국가 체제에 대한 이해도 다르게 나타난다. 플라톤이 철저히 귀족주의적인 이상 국가를 꿈꾸었다면, 아리스토텔레스는 국가 권력은 부자도 빈민도 아닌, 노예 소유자의 중간층에 속해야 한다고 보았다.

아리스토텔레스의 철학과 윤리관은 소크라테스의 이론을 현실에 적용할 때 발생하는 무리한 측면을 다듬고, 보다 세련되고 체계화된 학문으로 정립하는 과정에서 탄생했다고 볼 수 있다. 아리스토텔레스가 중용을 강조한 것도 이와 무관하지 않을 것이다.

도덕 논쟁의 발전 과정과 의의

소크라테스의 윤리관은 철학적인 의미에서 이중적인 혁명이라고 할 수 있다. 덕(德)을 곧 지(知)로 바라본 소크라테스의 관점은 그 이전까지 그리스 철학을 지배하던 자연철학과의 단절을 의미하는 것이었다.

자연철학자들에게 철학의 중심 과제는 우주와 자연의 본질을 탐구하는 것이었다. 그들은 우주와 자연의 생성, 변화, 소멸 현상을 일정한 원리와 법칙에 따라 합리적으로 설명하고자 하였으며, 만물의 근원을 밝혀내고자 하였다. 만물은 물(水)로 이루어졌다고 한 탈레스나 불(火)로 이루어져 있다고 주장한 헤라클레이토스 같은 사상가들이 여기에 해당한다. 자연철학은 비물질적인 신비로운 힘에 의해 세상의 모든 변화가 이루어졌다고 설명하는 신화적 세계관을 비판하고 합리적 세계관을 제시했다.

하지만 소크라테스는 다른 배경 위에서 철학의 문제를 고민하였다. 기원전 5세기경, 아테네 중심의 문명이 발달하기 시작했다. 고대 국가가 형성되기 시작하면서 사람들은 국가 질서의 유지를 위해 자연보다는 인간 생활의 법, 제도, 관습 등에 관심을 갖게 되었다.

소크라테스는 이러한 시대적 변화를 철학적으로 구현한 대표적 인물이었던 것이다. 그는 덕의 문제를 철학의 가장 중요한 요소로 정립함으로써 철학의 대상을 자연에서 인간으로 전환시키는 철학적 혁명을 이루고자 하였다.

한편, 소크라테스의 윤리관은 소피스트와의 논쟁을 통해 절대론적 철학의 정립을 시도했다는 점에서 일종의 철학적 전환점 역할을 했다. 소크라테스는 덕을 곧 지로 바라봄으로써 윤리의 문제를 절대적인 영역으로 올려놓았다. 또한 덕을 지와 일치시킴으로써 윤리의 문제를 이성과 일치시켰다. 보편적 이성에 의한 객관적, 보편적, 절대적 진리로서 윤리 문제를 제기하였던 것이다. 즉 무엇이 옳고 그른지 정확히 모르기 때문에 사람들이 악을 행한다고 함으로써 절대적 진리의 깨달음이 곧 도덕적인 인간이 되는 유일한 방법이라고 주장하였다.

소크라테스의 절대론적 윤리관은 신화 시대에서 인간 시대로의 변화를 의미하는 것이기도 하다. 제우스는 아버지 크로노스와, 크로노스는 아버지 우라노스와 무력으로 맞선다. 신화 속 신들은 웃고 떠들며 서로 간통하기도 하고 투쟁하기도 한다. 이처럼 신은 인간과 닮은 모습으로 묘사되어 있다. 더 나아가 보다 형이상학적으로 접근하면, 플라톤은 신이 선하다면 신은 결코 악을 저지르는 존재일 수 없다고 논리적으로 설명하고 있다. 참된 존재라고 한다면 결코 거짓을 지어내는 사람일 수 없다. 사실 그리스 신화는 도덕적인 측면에서만 본다면 혼돈과 무규범의 상태를 보여준다.

따라서 절대론적 윤리관의 모색은, 어느 정도는 소크라테스 이전까지 그리스를 지배하던 신화적 영향력에서 벗어나 인간의 이성에 의한 질서를 새로이 구축하는 과정을 표현한 것이라고 볼 수 있다. 소크라테스가 신을 모독했다는 이유로 고발당했다는 점도 이와 관련하여 의미 있게 생각해볼 만하다.

아리스토텔레스는 기본적으로 소크라테스와 플라톤의 명제, 즉 "자연과 육체에 대한 정신의 우위"를 수용한다. 그는 절대적 진리를 지향하고 있는 것이다. 하지만 일정한 범위 내에서 철학적인 수정을 가한다. 소크라테스가 이성을 절대화하면서 덕을 극히 소수만이 터득하고 체현할 수 있는 것으로 여겼다면, 아리스토텔레스는 덕을 일반 시민들이 이해하고 실행할 수 있는 것으로 전환시킨다. 그러한 의미에서 아리스토텔레스는 도덕의 실천적인 성격을 강화했다고 볼 수 있다.

러셀은 이와 관련하여 "아리스토텔레스의 윤리학은 당시의 교양 있고 경험 많은 사람들이 일반적으로 갖고 있는 견해를 대표하고 있다. 그의 윤리관은 플라톤의 그것과는 달리 신비롭고 종교적인 요소가 개재되어 있지 않으며, 플라톤의《국가》에서 보이는 재산과 가정에 대한 비전통적인 견해도 찾아볼 수 없다. 그의 윤리학에서 행실이 바르고 고상한 일반 시민들은 어떤 원칙에 따라 행동해야 할 것인가에 대한 조직적인 설명을 얻을 수 있다."고 하였다.

이러한 점에서 아리스토텔레스는 '구체적 실천'과 '상식적 감각'을 중시했다고 볼 수 있다. 그는 스승 플라톤의 초월적 이상주의를 비판적으로 검토했고, 동시에 소피스트들의 궤변적 상대주의에 치열하게 맞섰다. 이 두 방향의 싸움 속에서 상식주의자 아리스토텔

고대 그리스에서 교육이 이루어지는 모습을 담은 기원전 5세기의 도기 그림

레스가 탄생한 것이다. 《니코마코스 윤리학》은 당대 모든 윤리적 견해들에 맞선 싸움의 기록이자, 아리스토텔레스의 상식주의적 통찰이 도달한 윤리적 사유의 정점이라고 볼 수 있다. 윤리학의 측면에서 그는 이성의 역할과 함께 실천 및 습관화의 의지를 강조함으로써 모든 악은 무지에서 나오고 모든 덕은 참된 앎에서 나온다고 한 소크라테스와 플라톤의 관점을 수정하고, 현실 속에서 참다운 존재를 찾고자 도덕의 의미를 실천적인 측면으로 확장했다.

또한 아리스토텔레스는 철학의 분화를 시도했다. 그 이전까지는 학문의 여러 요소가 철학이라는 영역 속에서 형식적, 내용적으로 미분화된 상태로 존재했다. 아리스토텔레스는 철학을 형이상학, 정치학, 시학, 윤리학 등 다양한 영역으로 구분하고, 그때까지의 학문적인 성과들을 자신의 관점에서 집대성하고 분류했다. 이 과정에서 그는 윤리학이 형이상학과 긴밀한 연관성을 지니되 일정하게 독립적인 지위를 차지할 수 있는 가능성을 열었다.

인식론과 윤리학은 구분되어야 하는가, 통일되어야 하는가?

박쌤 | 아리스토텔레스 선생의 《니코마코스 윤리학》 이전에도 도덕에 대한 연구는 있었습니다. 때에 따라서는 서로 상이한 입장을 대표하는 이들끼리 치열한 논쟁을 벌이기도 했습니다. 하지만 이전의 모든 도덕 논의를 검토하고 도덕 문제를 하나의 학문 체계로 집대성한 것은 이 책을 통해서였다고 보아도 큰 무리는 없을 것 같습니다.

이와 관련해 20세기를 대표하는 도덕철학자 매킨타이어는 《덕의 상실》에서 《니코마코스 윤리학》을 언급하면서 "아리스토텔레스는 사상적으로 자신의 선조가 있다는 사실을 인식하였다. 실제로 그는 이제까지의 역사가 자신의 사상에서 정점에 도달하도록 하는 방식으로 예전의 역사를 기술하려 하였다. 그러나 그는 선조들과 자신의 사상 간의 관계를 그들의 오류, 적어도 그들의 반쪽 진리를 자신의 포괄적이고 올바른 설명으로 대체하는 관계로 설정하였다."라고 하였습니다. 아리스토텔레스 선생이 덕에 대한 그 이전의 온갖 논의를 자신의 관점에서, 그리고 자신을 정점으로 종합했다는 매킨타이어의 언급은 적절하다고 생각됩니다. 긍정적인 입장에서든, 비판적인 입장에서든 《니코마코스 윤리학》은 윤리학 분야에서 매우 중요한 텍스트이지요.

또한 매킨타이어는 "아리스토텔레스는 자신이 덕에 대한 설명을 만들어낸 것이 아니라 교양 있는 아테네인의 사유, 말, 행위 속에 함축되어 있는 설명을 서술하고 있다고 생각한다. 그는 최선의 도시 국가에 살고 있는 최선의 시민의 합리적 목소리를 대변하고자 한다. 왜냐하면 그는 도시 국가가 인간 삶의 덕들을 실제로, 그리고 완전하게 제시할 수 있는 유일한 정치 형식이라고 생각하기 때문이다. 따라서 덕에 관한 철학적 이론은 현재 이루어지고 있는 최선의 덕의 실천 속에 이미 함축되어 있을 뿐만 아니라, 이 실천에 의해 전제되는 이전의 철학적 이론을 대상으로 하는 하나의 이론이다."라고 하더군요. 그는 《니코마코스 윤리학》이 단지 현실의 구체적인 문제나 도덕적 실천에 있어서만 덕의 기준을 제시한 것이 아니라, 기존의 도덕 이론에 대한 분석과 종합을 시도하고 있다는 점에서 이론적 성격이 짙음을 설명하고 있는 것입니다.

사실 《니코마코스 윤리학》 이전까지는 윤리학이 별도의 학문으로 다루어지지 않았다고 봐야 할 것입니다. 어떻게 보면 아리스토텔레스 선생이 분기점 역할을 했다고 볼 수 있겠지요.

소크라테스 선생께서는, 좀 전에도 말씀하셨듯이, 아리스토텔레스에 와서 윤리학이 인식론에서 분리됨으로써 여러 가지 문제가 발생했다고 보시는데, 먼저 어떤 점을 문제라고 생각하시는 것인지를 들어보아야 할 것 같습니다.

소크라테스 | 윤리학을 인식론에서 분리시킨 뒤 발생한 가장 큰 문제는 지식이 알맹이 없는 쭉정이로 전락해버렸다는 점일세. 지식이 무엇인가? 자네도 알 테지만 나는 사람들에게 "너 자신을 알라."고 했네. 특히 소피스트들에게 이 말을 자주 했지.

내가 그들보다 지식의 양이 많아서 그랬던 걸까? 아니지. 지식의 양으로 치면 나는 그들에게 한참 못 미칠 거야. 전쟁 때문에 한두 번 떠나본 것을 제외하면 나는 항상 아테네에만 있었거든. 소피스트들은 그리스의 각 도시 국가는 물론이고 북아프리카, 서아시아 등을 다니면서 세상의 수많은 지식을 습득했네. 그러니 내가 어찌 그들이 갖고 있는 지식의 양을 따라갈 수 있겠나. 그런데도 내가 "너 자신을 알라."고 했던 것은 그들이 알고 있는 것이 진정한 지식이 아니라고 생각했기 때문일세.

예를 들어 설명해보겠네. 인간의 생명에 대한 지식을 가장 많이 갖고 있는 사람을 꼽으라면 누구를 들겠나? 아마 제일 먼저 의사를 생각할 것이네. 생명 현상이 신체의 각 기관이나 물질과 어떤 연관을 가지고 있는가에 대해서 의사들은 누구보다 해박할 걸세. 하지만 그들이 생명에 대해 진정으로 알고 있다고 할 수 있을까? 어떤 사람이 의사가 되고자 할 때 그는 자신이 할 일은 환자를 치료하는 것이라고 생각할 걸세. 그 후 그는 판에 박힌 듯 정해진 대로 살아가겠지. 잠시 일을 멈추고 다음에 할 일을 생각해야만 할 때에도 그는 목적의 가치가 아니라 수단을 생각할 게 분명하네. 그가 '이 환자를 치료해야만 하는가', '만약 이 환자가 죽는다면 오히려 그게 더 낫지 않을까', '건강 혹은 생명 그 자체는 다른 가치 있는 것들과 비교해서 어떤 가치를 갖는가'와 같은 문제 제기를 하지는 않을 것이네. 그러나 생명에 관한 진정한 지식은 생명의 가치에 관한 본질적인 이해에 대한 답을 구하는 것이어야 하네.

  돈에 관한 지식도 마찬가지겠지. 돈의 흐름을 이해하고 돈을 모으는 데는 장사꾼들을 따라갈 사람들이 거의 없을 거야. 하지만 돈에 관한 지식이 아무리 많다 해도 장사꾼이 하던 일을 잠시 멈추고, '내가 더 많은 돈을 벌어야만 하는가', '부의 가치는 무엇인가'와 같은 문제 제기를 하지는 않네. 돈에 관한 진정한 지식이란 어떻게 하면 더 많은 돈을 벌 수 있는가 하는 기능적인 것이 아니라 '돈이란 과연 인간의 행복을 재는 척도 역할을 할 수 있는가', '돈이 많으면 행복하고 돈이 적으면 불행한 것인가'에 대한 답을 구하는 것이어야 한다는 얘기네.

  하지만 대부분의 사람들은 그러한 목적들이 과연 우리가 살아가면서 추구할 만한 가치가 있는가, 혹은 없는가와 같은 문제 제기를 하지 않는다네. 이미 설정된 목적들에 도달할 수 있는 수단을 강구하면서 매일매일을 살고 있을 뿐이지. 그런 점에서 지식이란 수단이 아니라 인간의 인식이 도달해야 할 목적이어야 하네. 따라서 우리는 인간의 삶에서 가장 으뜸가는 문제 영역, 즉 '우리가 살아가면서 추구해야 할 목적들이란 무엇인가' 하는 점에 주의를 집중해야 하네. 진정한 의미의 삶과 행복, 훌륭함을 추구한다는 점에서 목적으로서의 지식은 가치판단의 문제와 떼려야 뗄 수 없는 것이기도 하지.

소피스트들은 지식의 문제를 목적이 아닌 수단으로 여겼다네. 심지어 보편적인 의미의 도덕이란 있을 수 없다며 도덕의 상대성을 줄기차게 주장하기까지 했지. 지식과 가치판단 사이에 만리장성을 쌓아버린 거야. 내가 아테네에서 그들과 벌인 논쟁의 대부분은 그러한 주장에 맞서서 지식과 가치판단을 일치시키기 위한 것이었네.

그런데 아리스토텔레스, 자네가 인식론과 윤리학을 분리해버렸어. 《니코마코스 윤리학》이라는 책이 지식에서 가치판단의 문제를 분리시킴으로써 소피스트들의 손을 들어준 셈이지. 내가 그들과 죽어라고 논쟁하여 지식과 가치판단을 하나로 일치시켜놓았는데, 자네가 순식간에 분리시킨 거네. 사람들의 속물근성에 자네가 면죄부를 준 것이나 다름없단

진정한 의미의 삶과 행복,
훌륭함을 추구한다는 점에서
목적으로서의 지식은 가치판단의 문제와
떼려야 뗄 수 없는 것이기도 하지.

말일세. 자네가 지식 그 자체는 중립적인 것이며, 도덕적인 가치판단에서 벗어나 독립적으로 학문을 추구할 수 있다고 주장하니 그들이 얼마나 기뻐했겠느냐 말일세. 자네는 결국 내가 무덤으로 보내버린 소피스트들을 다시 부활시키는 역할을 했네. 그런데도 후세들은 자네가 나의 철학을 더욱 발전시켰다고 여기니 내가 어찌 화가 안 나겠나.

아리스토텔레스 | 선생께서는 하나만 아시고 둘은 모르시는 것 같군요. 선생께서는 평생 동안 소피스트들과 싸우셨지만, 그들이 어디 눈 한 번 꿈쩍이나 하던가요? 아테네의 젊은이들이 그들의 영향력에서 벗어났나요? 부와 권력만 추구하는 경향이 조금이라도 개선되었나요? 오히려 날이 갈수록 덕은 희미해지지 않았나요?

저는 선생이 목표로 하는 덕이 올바름에도 불구하고 사람들에게 설득력 있게 다가서지 못한 것은 선생의 생각이 막연했기 때문이라고 판단했습니다. 두루뭉수리하게 지식과 도덕의 문제를 섞어놓으니 그저 뻔한 얘기, 듣기 좋은 얘기 정도로밖에 여겨지지 않았던 것이죠. 올바름이 단지 올바르다는 이유 하나만으로 현실에서 실질적인 영향력을 갖게 되는 것은 아니지 않습니까?

올바름이 실천적인 성격을 띠려면 사람들이 그렇게 하도록 이끄는 과정이 필수적입니다. 올바름이 사람들의 마음을 움직여 실천으로 이어지려면 엄밀한 학문적 체계를 지녀야 합니다. 과학적인 인식, 과학으로서의 학문이 정립되어야 한다는 것입니다. 이를 위해서는 도덕 문제를 수단의 문제에 이르기까지 세밀하게 검토해야 했고,

필연적으로 윤리학이라는 별도의 학문적 접근이 필요했죠.

좀 더 노골적으로 말하자면, 인식론과 윤리학이 구분되지 않으면 무지의 씨앗이 자랄 수밖에 없습니다. 역사적인 예를 들어 설명하겠습니다. 중세 초기에서 중기에 이르기까지 그 오랜 세월 동안 소크라테스 선생과 플라톤 선생의 사상이 유럽을 지배했지요. 아마도 지식의 문제를 가치의 문제와 동일시한 선생의 생각과 교회의 이해가 맞아떨어졌기 때문일 것입니다. 다시 말해 지식의 문제와 가치판단의 문제를 분리시키지 않고 지식 자체에 윤리적인 요소를 비빔밥처럼 섞어놓았던 소크라테스 선생과 플라톤 선생의 철학이 교회의 이해를 반영하는 데 안성맞춤이었던 것이죠.

지식과 가치판단의 문제를 분리하지 않은 상태에서 종교적 교리를 가치판단의 문제와 일체화시키는 순간, 종교가 지식을 지배하는 것은 너무나 손쉬운 일이었습니다. 그렇게 종교적 가치는 인간의 모든 사고와 행동을 손쉽게 지배할 수 있는 특권적인 지위를 얻게 되었죠.

그 결과가 무엇이었습니까? 신학이 학문을 지배함으로써 인간에게 속해야 하는 지식이 신에게 예속되고 끝없이 제자리걸음을 하는 이성의 암흑기를 맞이한 것 아닙니까? 선생께서는 도덕을 정신 영역의 산물로 여기고, 또한 이를 실현하려 노력했습니다. 하지만 덕을 지식과 동일시했던 그 한계 때문에 선생의 의도와는 무관하게 이성을 암흑 속에 가두는 역할을 했던 것입니다. 다행히 중세 후기 신학에 저의 이론이 접목되면서 조금씩 학문 자체에 대한 관심이 살아난 것 아닙니까? 그리하여 이것이 중세 말기에 르네상스를 준비할

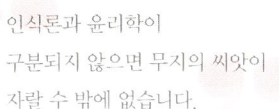

> 인식론과 윤리학이
> 구분되지 않으면 무지의 씨앗이
> 자랄 수 밖에 없습니다.

수 있었던 힘이 되었다고 저는 감히 자부합니다.

그래서 저는 《니코마코스 윤리학》이야말로 인류가 새로운 지적 발전을 하는 데 나름대로 분수령 역할을 했다고 생각합니다. 이를 통해 지식은 지식 자체로서 엄밀한 학문적 발전을 이룩할 수 있었고요. 제가 생각하기에 《니코마코스 윤리학》은 도덕이 막연한 지향에 머무는 것이 아니라 엄밀한 학문으로서 정립될 수 있는 길을 열었다고 봅니다. 그리고 나아가 서양에서 근대를 열어나가는 데 적지 않은 견인차 역할을 했다고 생각합니다.

박쌤 | 저 역시 유럽이 중세의 터널을 지나 르네상스를 준비하는 데 있어서 아리스토텔레스 선생의 이론이 상당한 영향을 주었다고 생각합니다. 하지만 선생 역시 자신의 의도와는 무관하게 지식과 가치 판단이 분리됨으로써 인식론은 인식론대로, 윤리학은 윤리학대로

발전하며 서로를 보완해주기보다는 점차 별개의 것으로 자리를 잡아가는 계기를 만들지 않았나 하는 의문이 듭니다. 그리고 그 결과 윤리학은 화석처럼 존재는 하지만 생명력이 없는 것으로 전락하고, 가치판단의 부담에서 해방된 인식론이 기형화되는 데에 영향을 미치지 않았나 싶습니다.

서양 근대철학의 아버지라 불리는 데카르트의 경우가 대표적이겠죠. 데카르트는 "나는 생각한다. 고로 존재한다."고 선언했습니다. 그는 이 명제를 '방법론적 회의'와 연관시켰습니다. 모든 것을 의심해야 하고, 그 결과 의심할 수 없는 것만을 중심으로 진리를 탐구해야 한다는 것이 방법론적 회의의 핵심이지요. 일차적으로 의심의 대상에 들어가는 것은 바로 인간의 감각과 도덕적 가치판단이고요.

데카르트는 《성찰》에서 "지금까지 가장 진실하고 확실한 것으로 받아들였던 모든 것을 나는 직접적인 감각에서, 또는 간접적인 감각에서 배웠다. 그런데 나는 이 감각들이 가끔 나를 속인다는 것을 깨달았다."라고 합니다. 시각, 청각, 촉각, 미각, 후각 등 우리가 오감이라고 말하는 인간의 감각이 우리의 인식을 속인다는 것이었죠. 데카르트는 여러 가지 감각이 우리를 속이거나 불확실한 것을 확실한 것으로 여기게 만든다고 주장합니다. 그는 감각에 기초한 사고가 인간을 진리로 인도할 리 없기 때문에 감각적인 사고, 감성적인 사고를 배제하고 철저히 이성적인 사고에 기초해야 한다는 결론을 내리지요.

그가 보기에 기존의 도덕적 가치판단은 엄밀하고 논리적인 진리와는 거리가 있는 영역에 속합니다. 사회적으로 형성되어온 도덕률의 상당 부분은 공동체의 관습적인 요소와 깊은 연관을 지니며 형성되기 때문입니다.

결국 데카르트는 이성과 감각을 분리시키고, 이성에서 도덕적 가치판단을 배제시켰습니다. 그리고 오직 증명 가능한 것만 진리로 인식할 것을 주장하면서 이에 가장 근접한 것으로 수학적인 사고를 들었습니다. 그는 《성찰》에서 "대수학이나 기하학, 그리고 자연 안에 있든 없든 간에 구애됨이 없이 매우 단순하고 매우 일반적인 것들만을 취급하는 기타 학문들은, 확실하고 의심할 수 없는 어떤 것을 지니고 있다는 결론을 내릴 수도 있을 것이다."라고 말합니다. 그리고 "내가 깨어 있거나 잠들어 있거나 상관없이 둘 더하기 셋은 다섯이 될 것이며, 사각형은 결코 네 변 이상을 가지지 않을 것"이라고 덧붙입니다. 수학은 어떤 상황에서도 변하지 않는 진리의 세계를 보여줄 수 있다는 것이죠. 이렇게 명백한 진리들은 거짓일 수 없고 이에 대해서는 의심하는 것이 불가능하며, 모든 학문은 수학과 기하학에 기초해야 한다는 것이 데카르트가 말하고자 하는 핵심이었습니다.

그 결과 데카르트 이후 현대 학문의 상당 부분은 수학적, 과학적으로 사고하는 방법론이라는 의미에서 이성을 하나의 수단으로 인식하게 되었습니다. 흔히 이를 근대 이성 또는 도구적 이성이라고 부릅니다. 이성이 어떤 목적에 대한 탐구나 반성적인 성찰의 의미를 상실하고, 오직 주어진 목적에 도달하기 위한 수단으로서의 합리성만을 중시하는 사고방식으로 인식되었기 때문에 도구적 이성이라고 부르게 된 것이죠. 이제 보통 사람들에게 이성의 의미는 계산 가능성과 증명 가능성을 중심으로 한 수리적 사고 방법인 양 여겨지기도 합니다.

도구적 이성의 가장 큰 특징은 성찰적, 반성적 사고의 상실이라 할 수 있습니다. 현대 사회에 이러한 이성의 변질이 도덕적인 가치 판단을 부정하고 오직 계산과 증명 가능성만 추구하는 과학기술 만능주의, 산업화 제일주의를 낳았다는 비판이 제기되고 있습니다. 결과적으로 무분별한 산업화는 환경 파괴, 생태계 파괴, 자원 고갈 등은 물론이고 주택 문제, 교통 문제와 같은 온갖 도시 문제를 양산했습니다. 또한 과학기술 만능주의는 유전자 조작과 인간 복제, 대량 살상 무기 개발과 같은 많은 부정적 산물들을 만들어냈고요. 현대 사회의 온갖 문제들을 만들어낸 배후에는 이렇듯 도구적 이성, 즉 데카르트가 자리하고 있습니다.

더욱이 현대 사회의 특징적인 요소 가운데 하나가 바로 '도덕의 상실'입니다. 이는 도구적 이성에 의해 성찰적, 반성적 사고가 사라져버리면서 필연적으로 나타난 문제라 할 수 있습니다. 도덕 상실에 대한 반성의 일환으로, 이성에서 도덕적 가치판단을 배제하는 발상이 어디서부터 시작되었는지를 추적하는 과정이 있어왔습니다. 대부분의 비판적 사상가들은 이견 없이 데카르트를 일차 주범으로 지목했습니다. 문제는 데카르트 이전으로 거슬러 올라갈 때 종종 아리스토텔레스 선생의 그림자를 발견하게 된다는 점입니다. 아리스토텔레스 선생님이 의도하지는 않았겠지만, 인식론과 윤리학의 구분이 이에 상당한 역할을 하지 않았는가 하는 의문이 드는 것이 사실입니다.

이에 대해서 아리스토텔레스 선생님은 어떻게 생각하시는지 답

변이 필요할 것 같습니다.

소크라테스| 그럴 수밖에. 안 봐도 비디오야. 꼭 똥인지 된장인지 찍어 먹어봐야 아는 것은 아니지. 이보게, 아리스토텔레스. 자네가 올바름이나 아름다움 혹은 지혜, 용기, 절제, 정의 등을 강조하고 있다고 아무리 말을 해봐야 인식론과 윤리학을 구분하고 목적과 수단을 분리시키는 순간 다 공허한 문구로 전락한다는 것을, 후대의 현실이 그대로 보여주고 있는 게 아닌가.

지식을 가치판단과 분리된 중립적인 그 무엇쯤으로 생각하는 순간 인간의 욕망은 고삐 풀린 망아지처럼 무한정 솟아날 것이 뻔하거든. 이미 내가 살던 그리스에서도 그랬는데 후세대에서는 오죽이나 심할지 짐작이 가네. 하지만 딱하게도 자네는 여전히 자신의 문제를 제대로 바라보지 못하고 있는 듯하여 답답하기 그지없네그려.

아리스토텔레스| 20~21세기 사회에서 나타나는 문제의 원인을 저에게 돌리는 것은 부당합니다. 특히 데카르트와 저를 비교하는 것은 인정하기가 어렵습니다. 적지 않은 근대 철학자들이 저에게 철학적인 상상력을 의지하고 있다는 점은 저도 잘 알고 있습니다. 그들은 제가 구분했던 범주와 개념 등을 상당 부분 이용하고 있지요. 하지만 저와 근대 철학자들은 근본적으로 다른 문제의식에 기초하고 있습니다. 데카르트는 더욱 그렇고요. 그는 아예 도덕적 가치판단을 의심의 대상으로 삼았지만, 저는 도덕적 가치는 가치로서 인정되어야 한다는 것을 전제로 하고 있습니다. 그런 점에서 데카르트는 하

나의 극단을 보여주는 경우로서, 제가 강조한 중용과는 아무런 관련이 없는 인물로 봐야 합니다.

그리고 설사 근대 철학이 추구한 문제의식의 단초가 저의 철학에 있다 하더라도 부정적인 측면과 긍정적인 측면은 정확히 구분하여 평가해야 합니다. 구더기 무서워서 장을 못 담가서는 안 되듯 문제가 생길 수 있다는 우려 때문에 학문 발전의 길을 포기하는 것은 지나치게 소심한 발상입니다. 소크라테스 선생의 주장대로라면 학문적인 구분은 애초에 불가능한 것이 되어버릴 텐데, 만약 그렇게 미분화된 상태로 학문이 계속되어야 한다면 인식론과 윤리학은 물론이고 자연학을 포함하여 다양한 영역에서의 학문 발전이 어려울 것입니다. 구분은 하되, 그 구분을 전제로 하여 다시 통일이 이루어지는 관계가 바람직하지 않을까요?

소크라테스ㅣ 이보게, 생각과 현실을 잘 구분해서 보아야 하네. 자네의 머릿속에서는 두 가지가 분리되어도 각각 발전하면서 얼마든지 연결될 수 있을지 모르지만, 현실은 전혀 다르다네. 다수의 사람들은 어떻게 하면 도덕적인 제한에서 조금이라도 더 벗어날 수 있는지를 끊임없이 궁리하고 있거든. 자네는 그런 사람들에게 과학적인 학문이라는 이름으로 도덕적인 부담에서 벗어날 수 있는 길을 터주었네.

아리스토텔레스ㅣ 선생께서는 지나치게 결과론적인 지적을 하고 계신 게 아닌가 싶습니다. 저에게서 영향을 받은 것은 데카르트나, 칸트,

헤겔만이 아닙니다. 어떤 점에서는 마르크스도 적지 않은 영향을 받은 것으로 알고 있습니다. 그만큼 저의 이론에는 맹아 상태이든, 어느 정도 성숙한 상태이든 다양한 방면으로 퍼져나갈 줄기들이 존재하고 있었던 겁니다. 그런데 현대 사회에서 발생한 어떤 문제의 원인을 추적해나가다가 저와 맞닿은 지점이 있다고 해서 마치 제가 문제의 뿌리 역할을 하고 있는 것처럼 규정해버리면 곤란하죠.

또한 선생께서는 마치 저 이후에 학문이 후퇴한 것처럼 말씀하시지만, 인식론과 윤리학을 구분함으로써 인식론은 그것대로 엄밀한 개념을 통해 진전이 가능했음을 역사는 보여주고 있습니다. 일정 부분 부작용이 있었다고 해서 현실이 보여주는 발전의 과정을 부정하는 것은 곤란하지 않겠습니까?

이보게, 박쌤. 학문적인 구분을 통해 근대 이후 현대에 이르기까지 학문이 비약적으로 발전한 것은 해석의 문제가 아니라 사실의 문제로 보아야 하는 것 아닌가?

박쌤ㅣ 네, 아리스토텔레스 선생님이 말씀하신 대로 여러 분야에 걸쳐 비약적인 발전이 이루어진 것은 사실입니다. 그런데 다른 한편으로 선생께서 말씀하신 부작용이란 것이 단지 부분적인 현상이 아니라 현대의 학문을 규정하는 핵심적인 요소가 되어버리지 않았는가 하는 비판이 있는 것도 부정할 수 없는 사실입니다.

현대 학문을 지배하고 있는 것은 실증주의적인 경향이라고 할 수 있습니다. 실제로 증명 가능한 것만을 진리로 인정하려는 학문적 분위기가 대세입니다. 그러다 보니 갈수록 가치판단이 끼어들 자리가 점점 더 좁아지고 있습니다. 사회학이나 인문학조차도 설문조사를 통해 사람들의 의식을 통계화하여 분석함으로써 입증 가능한 것만을 학문의 영역으로 인정하려는 경향이 강합니다. 물론 이러한 경향을 전적으로 아리스토텔레스 선생의 책임이라고 규정하는 것은 안 될 말이지요. 하지만 소크라테스 선생이 지적하신 것처럼 지식과 가치판단을 구분하는 시도가 실증주의적인 사고방식의 물꼬를 트는 데 일정한 작용을 했다고 할 수는 있지 않을까요?

아리스토텔레스 | 헐~ 후대의 지식인들이 날 욕보이고 있구먼. 후대의 지식인들은 학문의 구분이 아니라 아예 학문의 분업으로 나아가버렸지. 나는 학문이 분업으로 나아가서는 안 된다고 생각하네. 당장 나만 해도 그렇지 않은가. 나는 후대의 사람들이 나를 일컬어 신과 자연, 인생과 예술에 관한 모든 지식을 백과전서 식으로 정립했다고 말할 정도로 학문에 대해 전체적인 접근을 했네. 또한 리케이온에서 제자들에게 어느 한 분야에만 관심을 갖지 말고 총체적인 인식을 가질 것을 지속적으로 요구했지.

구분과 분업은 엄연히 다른 것이네. 물론 학문의 구분이 학문을 분업화하는 계기가 될 수는 있어도 이 둘을 인과관계로 연결하는 것은 곤란하다는 말일세. 그런 점에서 결과론적 비판은 문제가 있네. 구분 자체가 문제가 된다면 모든 학문이 미분화 상태로 놓여 있어야 한다는 얘기밖에 안 되는데, 그럴 수는 없는 노릇 아닌가.

이보게, 박쌤. 나는 언제나 중용을 강조했네. 그런 극단적인 경향은 애초에 나와는 거리가 먼 것이지.

박쌤 | 일단 인식론과 윤리학의 구분에 대한 두 분 선생님의 문제의식은 확인한 것 같습니다. 인식론과 윤리학의 구분이 어떤 점에서 논란이 되는 것인지, 그 논란이 제가 살고 있는 현대 사회에서 어떤 의미를 가지게 되는지에 대해 고민을 나눌 수 있는 자리였던 것 같습니다. 이제는 조금 다른 측면에서 도덕과 이성의 관계에 대해 두 분의 의견을 듣고 싶습니다. 잠시 쉬었다가 이에 대한 논쟁을 계속 해보지요.

지 식 넓 히 기 2

소크라테스와 아리스토텔레스

소크라테스 (Socrates, BC 469~BC 399)

소크라테스 이전의 고대 그리스 철학자들이 주로 우주의 원리를 탐구한 자연철학자들이었다면, 소크라테스는 자신과 자기 근거에 대한 물음에 주목했다. 철학의 대상을 자연에서 인간의 내면으로 옮겨 온 것이다. 그러한 의미에서 소크라테스는 내면(영혼) 철학의 시조라고 불린다. 또한 자신에 대한 물음은 자기를 지탱하고 있는 보이지 않는 것(초월)에 대한 물음이라는 의미에서, 그는 형이상학의 시조라고도 할 수 있다. 소크라테스는 자기 자신의 '혼'을 소중히 여겨야 한다고 역설했으며, 거리의 사람들에게 '자기 자신에게 가장 소중한 것이 무엇인가' 하는 질문을 던진 뒤 철학적 대화를 나

소크라테스의 두상

누는 것을 일과로 삼았다.

  소크라테스의 젊은 시절 이야기에 대해서는 분명하게 알려진 바가 없다. 다만 그는, 두 눈은 튀어나오고 코는 찌부러진 사자코로, 용모가 추했다고 한다. 소크라테스는 아무것도 기록하지 않았다. 그에 대한 정보는 플라톤과 아리스토텔레스, 그리고 크세노폰의 기록에 의해 전해진 것이 거의 전부이다. 그들에 따르면, 소크라테스는 진정한 천재였을 뿐 아니라 이성의 엄격성과 인간적인 따뜻함, 유머 감각까지 지니고 있었다. 강인한 힘을 가진 건강한 정신의 소유자이기도 했다. 인격과 유머가 묻어나는 그의 날카로운 논법에 공감하는 젊은이들이 일종의 토론 모임을 만들었고, 플라톤도 그 모임에서 큰 영향을 받았다.

  소크라테스는 청소년들, 또는 마을의 유력 인사들과 '사람을 행복하게 하는 것은 무엇인가', '착하다는 것은 무엇인가', '용기란 무엇인가'에 관하여 토론하는 것을 즐겼다. 문답의 주제는 주로 인간의 인식이 도달해야 할 근원적인 것들이었다. 그의 문답은 언제나 "아직도 그것은 모른다."라고 하는 무지(無知)의 고백을 하는 것으로 끝났다. 소크라테스는 이를 통해 모든 사람이 자기의 존재 의미로 부여된 궁극의 근거에 대한 무지를 깨닫고, 그것을 묻는 것이 무엇보다도 귀중하다는 사실을 알도록 촉구하고자 하였다.

  펠로폰네소스 전쟁이 끝나고 5년 뒤인 BC 399년, 소크라테스는 '신에 대한 불경죄'라는 죄목으로 고발당했다. 그리고 재판에서 사형을 받아 일생을 마쳤다. 그의 철학은 제자인 플라톤에 의해 여러 개의 대화편으로 전해진다. 《에우티프론》, 《소크라테스의 변명》, 《크리톤》,《파이돈》,《국가》,《프로타고라스》 등이 널리 알려져 있다.

《소크라테스의 변명》

플라톤이 집필한 이 책은 국가의 신들을 믿지 않고 청년들에게 나쁜 영향을 끼쳤다는 혐의로 멜레토스에 의해 고발당한 소크라테스가 법정에서 스스로를 변론했을 때의 변론 내용을 담고 있다. 이 책은 최초의 변론, 유죄 선고 후의 변론, 사형 선고 후의 변론 등 세 부분으로 이루어져 있는데, 법적인 의미에서의 변론만이 아니라 소크라테스 철학의 진수를 담고 있다고 할 만하다.

법정은 소크라테스가 청년들에게 나쁜 영향을 끼쳤다며 청년들과의 대화를 문제 삼았는데, 그는 변론을 통해 진정한 의미의 진리란 무엇이고 진정한 철학자는 어떤 역할을 해야 하는지에 대한 자신의 생각을 전개하였다. 이 책은 이러한 내용과 더불어 진리를 위해 기꺼이 죽음을 받아들였던 소크라테스의 정신이 무엇이었는가를 엿볼 수 있는 책이다. 그러한 의미에서 《소크라테스의 변명》은 성찰하는 이성과 양심이 사라진 시대, 진정한 의미의 자유와 자각을 두려워하는 시대에 이성과 양심과 자유에 대한 메시지를 전하고 있다.

소크라테스는 직접 글을 쓰지는 않았다. 그럼에도 그의 철학은 플라톤에 의해 다수의 책으로 남아 있는데, 플라톤이 후기에 집필한 책일수록 플라톤의 생각이 많이 가미된 것으로 보인다. 하지만 비교적 초기 저작에 속하는 이 책의 주요 부분에 대해서는 소크라테스 철학에 충실할 뿐 아니라 역사적으로도 가치가 높다고 평가된다.

《국가》

'완전한 국가', '이상적인 국가'에 대한 플라톤의 구상이 담겨 있는 책이다.

1권은 정의란 무엇인가의 문제를 다루고 있는데, 정의란 강자의 이익이라는 주장에 대해서 그것이 부당하다는 것을 대화를 통해 밝히려 하였다. 2권부터 4권까지는 지혜, 용기, 절제라는 영혼의 세 기능, 그리고 이 기능이 온전하게 실현될 때 이루어지는 정의를 이야기하고 있는데, 개인도 국가도 지혜, 용기, 절제가 조화를 이루면서 각자가 맡은 분야에 더없이 충실한 것이 바로 정의라고 주장하고 있다.

산치오 라파엘로의 〈아테네 학당〉, 중앙에 있는 두 사람이 플라톤과 아리스토텔레스

5권부터 7권까지는 유명한 '철인(哲人) 통치론', 올바른 교육 과정 등을 이야기하고 있다. 국가는 완전한 지혜를 갖춘 철학자가 다스려야 하며, 그러한 철학자, 즉 통치자는 어릴 때부터 체육, 음악, 수학, 천문학 등 다양한 분야의 학문을 체계적으로 익힌 자로, 국민 중에서 가장 고귀하고 현명한 자여야 한다는 주장을 담고 있다.

8권과 9권에서는 이상적인 국가가 타락하는 과정에서 생겨나는 다양한 국가의 모습과 인간 유형을 이야기하고 있다. 10권 전반부는 그 유명한 '시인 추방론'을 다루고 있다. 현실에 대한 모사 또는 모방이라고 할 수 있는 시(詩)가 진리와는 거리가 멀기 때문에, 자신이 구상하는 이상 국가에서는 그런 시인들이 필요 없다는 주장을 담고 있다.

《크리톤》

플라톤이 소크라테스의 재판과 죽음에 대해 쓴 대화편은 《에우티프론》, 《소크라테스의 변명》, 《크리톤》, 《파이돈》 등 네 편이다. 이 가운데 《크리톤》은 사형 선고가 내려진 후 소크라테스에게 탈출을 하라고 설득하려 찾아온 크리톤에게, 소크라테스가 왜 탈출을 해서는 안 되는지 이야기하면서 그를 설득시키는 내용을 담고 있다. 대화하는 사람은 소크라테스와 크리톤이고 장소는 당연히 소크라테스의 감방이다.

이 책은 어릴 적부터 소크라테스의 헌신적인 친구였던 크리톤이 애틋한 심정으로 여러 구실들을 대며 소크라테스에게 탈옥을 종용하는 장면으로 시작된다. 크리톤은 만약 소크라테스가 자신의 제의

자크 루이 다비드의 〈소크라테스의 죽음〉

를 받아들이지 않고 죽음을 맞이한다면, 이것은 그를 파멸시키려는 부정한 자들이 바라왔던 일이 이루어지도록 소크라테스 스스로가 서두르는 것이라고 이야기한다. 하지만 소크라테스는 특유의 대화법과 이성적 추론으로 크리톤의 의견을 반박하고, 결국 크리톤이 생각을 바꾸도록 설득한다.

  이 과정에서 소크라테스는 부정한 일을 당했다고 같은 방식으로 갚아서는 안 된다고 주장한다. 또한 합의한 내용은 지켜져야 하며, 한 나라에서 내려진 판결이 아무런 힘도 못 쓰고 개인들에 의해 무효화되거나 무력하게 된다면 나라는 존속하기 어려울 것이라고 말한다.

아리스토텔레스(Aristoteles, BC 384~BC 322)

플라톤과 함께 고대 그리스 사상의 절정을 보여준 아리스토텔레스는 고대 그리스 사상을 집대성한 대학자이다. 그는 의사의 아들로 태어나 16세 때 플라톤 아카데미에 들어갔다. 그리고 그곳에서 20년을 공부했다. 플라톤이 사망하자, 그는 당시 그리스를 지배하던 마케도니아의 젊은 왕자 알렉산드로스의 개인 교사로 들어가 3년을 지내다가 아테네로 돌아와 리케이온이라는 자신의 학교를 창건했다.

그런데 알렉산드로스가 왕이 된 뒤 14년여 만에 갑자기 죽자, 아테네 사람들이 마케도니아의 침략에 반기를 들고 혁명을 일으켰다. 아리스토텔레스는 반(反)아테네파라는 혐의를 받고 다른 곳으로 도피했다가 그곳에서 사망했다.

그는 물리학, 천문학, 해부학, 생리학, 형이상학, 논리학, 윤리학, 정치학, 수사학, 예술론, 심리학, 박물학 등에 관한 방대한 저술을 남겼다. 그것은 대상의 범위로 보나 지니고 있는 고유한 가치로 보나 놀랄 만한 공적이었다. 그 가운데 어떤 것들은 그 뜻이 명백하고 표현 또한 탁월하지만, 어떤 것들은 - 특히 《형이상학》이 그러한데 - 때때로 모호하고, 언

아리스토텔레스의 두상

뜻 보기에 모순이 있어서 저서의 진위를 의심받기도 한다. 어떤 사상가는 아리스토텔레스 사상의 발전을 세 시기로 구분했다. 첫째 시기는 순전히 플라톤적인 시기이며, 둘째 시기는 과도적 시기이고, 셋째 시기는 자신의 성숙기이다. 초기의 플라톤적 논문들은 중세 기독교 신학자들에게 안성맞춤이었다. 하지만 오늘날에는 전적으로 자연주의적 색채를 띠고 있는 후기의 논문들이 아리스토텔레스를 연구하는 데 가장 적합하다고 여기는 경향이 지배적이다.

아리스토텔레스는 플라톤의 제자이자 계승자이기도 하지만, 경험적 연구를 통해 스승의 테두리를 벗어났다. 플라톤이 이데아 세계를 실재하는 것으로 파악하는 관념론을 취한 데 반해, 아리스토텔레스는 이데아 세계가 인간과 자연에 내재해 있는 것으로 파악하는 현실주의적 입장을 취하였다. 그 역시 실재를 지배하는 원리를 발견하려 했지만, 플라톤과는 달리 경험을 통해 그 원리에 도달할 수 있다고 믿었다.

아리스토텔레스는 일반적인 전제에서 출발해 구체적인 결론에 도달하는 삼단논법을 만듦으로써 형식논리학을 수립했고, 이를 실제 탐구에도 사용했다.

지금 남아 있는 저작의 대부분은 리케이온 시기의 강의 노트로, 《정치학》, 《니코마코스 윤리학》, 《형이상학》, 《오르가논》, 《시학》, 《미학》, 《자연학》, 《영혼론》 등이 있다.

《니코마코스 윤리학》

아리스토텔레스의 대표적인 저작이다. 이 책에서 그는 행복에 대해 누구나 수긍할 수 있는 보편적인 규정을 세우고 행복에 요구되는 조건들을 하나씩 이야기했다.

아리스토텔레스는 행복에 요구되는 조건들을 '덕'이라 이름 붙였다. 그리고 인간의 행복은 어느 한 사람의 행복으로만 달성되는 것이 아니기에, 다른 사람들과의 관계 속에서 이루어지는 행위들에서 빚어지는 문제를 고려하여 행복의 사회적 조건을 모색했다. 끝으로 행복과 흔히 혼동을 일으키는 쾌락(즐거움)을 대비시키면서, 쾌락은 행복의 구성 요소일 뿐 그것이 곧 행복은 아니라는 결론을 내렸다.

《니코마코스 윤리학》은 크게 행복론, 덕론, 정의론 등 세 가지 주제로 구성되어 있다. 단, 정의가 사회적 덕이자 행복의 조건이라는 점을 고려하면, 인간 삶의 궁극적 목적인 행복이 무엇인지를 규정하고 논의하는 총론적 또는 원리론적 성격의 행복론과, 그 목적을 달성하는 데 필요한 조건은 무엇인지를 논의하는 방법론에 해당하는 덕론으로 구성되어 있다고 볼 수도 있다.

1권은 인간에게 있어서의 선을 다루고 있는데, 윤리학의 주제와 성질에 대해 개괄을 한 후에 인간에게 선이란 무엇인지와 덕의 종류에 대한 분석을 하고 있다.

2권부터 5권은 주로 도덕적인 덕에 대해 이야기하고 있다. 도덕적인 덕이 어떻게 생기며 어떤 소재 속에서 어떤 모양으로 나타나는가에 대해 설명하고, 도덕적인 덕의 정의, 극단적인 상태와 중간적인 상태의 특징, 도덕적인 덕의 내면 등에 대한 이야기를 하고 있다. 또한 덕과 악덕의 문제를 언급하면서 용기와 절제, 돈에 관계되는 덕, 명예에 관계되는 덕, 노여움에 관계되는 덕, 사교상의 덕, 덕과 비슷하나 덕은 되지 못하는 것, 정의 등에 대한 논의를 펼치고 있다.

6권에서는 지적인 덕에 대한 논의를 담고 있다. 지적인 덕들을 구분한 후에 행위에 관계되는 여러 가지 작은 지적인 덕, 철학적 지혜와 실천적 지혜의 관계 등을 분석하고 있다.

7권은 자제와 자제하지 못함, 쾌락의 문제를 주요하게 다루고 있다. 자제와 자제하지 못함의 의미를 여러 측면에서 분석한 후에 쾌락과 선의 관계를 집중 조명한다. 쾌락의 문제는 10권에서 다시 행복의 문제와 함께 다룬다.

8, 9권은 친애와 관련하여 친애의 종류, 친애의 상호성, 친애에 있어서의 상호성과 다른 여러 공동체에 포함되는 상호성의 관계, 친애에서 일어나는 여러 가지 난점, 친애의 내적 본성, 친애의 필요성 등을 정리하고 있다.

덕은 이성에 의해서만 확립되는가?

박쌤 | 사실, 저는 소크라테스 선생의 말씀에 대해서도 머릿속을 떠나지 않는 의문이 있습니다. 선생께서 말씀하신 대로 지식을 곧 덕이라고 한다면, 덕이 지나치게 소수의 사람들에게만 있는 것으로 좁혀지지 않나요? 특히 소크라테스 선생처럼 지식을 근본적인 것에 대한 통찰과 확신으로 이해할 경우에는 더욱 소수의 사람들만이 지식에 접근할 수 있게 되고, 지식이 부족하여 덕의 본질을 이해하지 못하는 다수의 사람들은 근본적으로 덕을 실천할 수 없는 사람에 불과하게 될 것 같습니다.

이에 대해서 선생님의 생각은 어떠하신지요?

소크라테스 | 전적으로 그렇게 생각하네. 도덕은 이성의 영역으로 봐야 하네. 다수의 사람들은 정의와 부정, 미와 추, 선과 악의 문제에 대해 깊이 있게 구분할 수 없는 것이 당연하네. 이성적으로 판단하고 행동하는 것은 그들의 영역에 속하는 것이 아니라고 할 수 있지. 이성적인 능력은 아주 소수에게 오랜 훈련을 통해 부여된 능력이라고 봐야 하네. 그렇기 때문에 우리는 다수의 견해나 여론에 귀를 기울이지 말고, 오직 정의와 부정을 분별할 줄 아는 뛰어난 소수의 사람들이 말하는 것을 존중해야 하지.

박쌤 | 선생의 말씀대로라면 감정적인 동기에서 비롯된 행위는 원천적으로 도덕적인 행위에서 배제해야겠군요. 그렇지만 감정적인 동기에서 이루어진 것이라 해도 이성적으로 판단했을 때와 동일하게 선한 행위라면, 어쨌든 우리는 그 행위를 도덕적이라고 말할 수 있는 게 아닌가요?

가령 길을 가다가 우연히 물에 빠진 아이를 발견했을 때 누구나 동정심을 느끼고 그 아이를 구하려고 할 것입니다. 물에 빠진 아이를 구하는 행위가 선한 행위라는 것을 부정할 수 없다면 자연스럽게 우러나오는 동정심은 그 자체로 도덕적인 것이 될 수 있지 않을까요? 마찬가지로 누군가가 길을 물어서 자연스럽게 알려주었다면 이 역시 도덕적인 행위가 아닐까요?

소크라테스 | 도덕적인 행위라고 보기는 어렵지. 왜냐하면 그러한 행위는 설사 올바른 행위와 일치되는 바가 있다고 하더라도 우연히 일

어난 일에 지나지 않기 때문이네. 우연히 한 행위인데 우리가 그러한 행위를 도덕적이라고 말하기는 어렵지 않겠는가? 비유하자면 동물도 자기 새끼나 종족을 보호하기 위해서 자신을 희생하는 행동을 하지 않나. 하지만 우리는 동물들의 그러한 행동을 도덕적이라고 하지 않네. 감정적으로 이루어진 행위 역시 마찬가지라고 여겨야 하네. 도덕이란 이성적인 판단에 따라 의식적으로 이루어진 행위로 제한해야 한다는 말일세.

아리스토텔레스 | 그게 소크라테스 선생의 약점입니다. 이성과 덕의 문제를 지나치게 일치시키려다 보니 스스로 함정에 빠지고 만 것이죠. 선생처럼 감성적인 것 일체를 도덕적인 영역에서 제외시켜버리면 도덕 자체가 극히 협소해집니다. 지극히 소수의 사람들만이 실천할 수 있는 게 되어버리니까요. 결국 귀족 계급에 해당하는 극소수의 사람들만이 도덕적일 수 있고, 다른 사람들은 오직 이들에게 의존해야만 선한 삶을 살 수 있다는 논리로 이어질 수밖에 없습니다. 그래서 소크라테스 선생이나 플라톤 선생의 입장이 소수의 귀족만을 위한 귀족주의적인 것이라고 비판을 받는 것입니다.

그런데 한편으로 선생께서는 많은 사람들이 덕의 문제를 무시하고 있다고 한탄을 하십니다. 이것 자체가 모순이 아닌가요? 나라를 이끌어가는 것은 소수의 귀족이 아니라 다수의 중간층 시민이어야 합니다. 이들에 의해 나라가 운영되어야 튼튼하게 유지될 수 있습니다. 그리고 이들 중간층이 올바른 삶을 살고 통치에 기여할 수 있을 때 진정한 도덕 통치도 가능해지는 것이고요. 이를 위해서는 다수의 사람들이 상식적으로 납득하고 습득할 수 있는 도덕이 필수입니다. 그런데 선생은 자꾸 극소수의 사람만이 갖고 있는 고도의 이성 능력을 통해서만 도덕이 형성될 수 있다고 하시니, 문제인 것입니다. 만약 선생의 말씀대로라면 많은 사람들이 도덕적이지 못한 것에 대해서 한탄을 하지 마시든가, 한탄을 하시려면 정말 다수의 중간층이 도달할 수 있는 방식의 도덕관을 제시하시든가 해야 하는 것 아닙니까?

　선생님은 이 논리적인 모순을 어떻게 해결하려 하시는 건지요?

소크라테스 | 모순은 아니네. 그렇기 때문에 나는 다수의 사람들이 이성적인 사리분별력을 지닌 소수의 사람들의 말을 존중하고 그들에게 의존해야 한다고 강조하고 있지 않은가?

　내가 사형 집행을 기다리고 있을 때 크리톤이 찾아와서 자네와 비슷한 말을 하더군. 크리톤 자신이 나를 구하지 않았을 때 사람들에게서 받을 부정적인 평판을 근거로 나를 설득하려 했었지. 다수의 의견을 존중하지 않으면 안 된다는 논리로 말이야. 하지만 크리톤에게도 말했듯이, 다수의 사람들이 무슨 일을 하든 그것은 우연히 한 일에 지나지 않아. 체조 연습에 열중하고 있던 학생이 한 사람의 전문 교사에게 복종하지 않고, 분별력이 없는 많은 사람들의 의견을 존중한다면 큰 해를 입듯이 정의와 부정, 미와 추, 선과 악의 문제에 있어서도 많은 사람들의 의견을 따르는 것은 위험하네. 오직 정의와 부정을 분별할 줄 아는 한 사람, 그 사람이 말하는 것, 그리고 진리를 존중해야 하네.

이렇듯 스스로 도덕적일 수 없는 다수는 스스로 도덕적일 수 있는 소수의 의견에 따라 행동함으로써 덕에서 벗어나지 않고 올바른 행위를 할 수 있게 되지. '철인 통치론'이라는 것도 이러한 문제의식에서 나온 것이네.

아리스토텔레스 | 선생께서는 아직도 자신의 논리가 얼마나 모순에 차 있는지 잘 모르시는 것 같습니다. 방금 말씀하신 것 자체가 더 큰 모순을 안고 있는 까닭입니다. 분명히 아까 선생께서는 이성은 소피스트들처럼 단순히 박식한 것이 아니라 궁극적인 목적에 해당하는 인식이자 가치판단의 문제라고 말씀하셨습니다. 그러한 인식은 누구에게서 얻을 수 있는 것이 아니지 않겠습니까? 그렇게 누군가가 시키는 대로 판단한다면 진정한 인식이라고 볼 수 없을 테니까 말입니다. 결국 이성이란 스스로 성찰하고 반성하면서 도달할 수 있는 인식일 것입니다. 이로부터 스스로 깨우치지 못한 다수의 사람들은 도덕적인 행위를 할 수 없다는 결론이 도출되지요. 그런데 선생은 다수의 사람들이 도덕적인 분별력이 있는 소수의 사람들의 말에 복종하면 된다고 합니다. 이는 자신의 말을 스스로 뒤집는 것 아닙니까? 이것을 어찌 모순이라고 말하지 않겠습니까?

이는 선생께서 인간의 정신적인 측면과 육체적인 측면을 구분하여 오직 정신적인 측면만을 가치 있는 것으로 여기고, 여기에만 덕이 깃들 수 있다고 판단하셨기 때문에 나타난 모순이라 할 수 있습니다. 어떻게 사람의 정신이 감성적인 것과 명확하게 분리될 수 있겠습니까. 이성이나 본질은 육체나 사물로부터 분리되어서는 존재할 수 없습니다. 분명 육체적이고 감성적인 것만 좇는 것은 잘못이며 반드시 지양되어야 합니다. 이성과 분리된 감성만으로는 진정한 도덕과 만나기가 어렵죠. 만약 이성이 감성과 분리되면 이성은 비현실적인 것이 되어버립니다. 그에 따라 도덕도 비현실적인 것으로 전락하게 됩니다. 사람의 심성은 현실적인 바탕 위에서 분석되어야 합니다. 그렇기 때문에 중용의 덕이 중요합니다. 감성과 이성의 중간적인 차원에서 중용의 덕이 필요한 것이죠. 덕을 감성과 이성의 결합으로 볼 때, 비로소 덕은 극소수의 사람들만 지닐 수 있는 것이 아니라 다수의 사람들이 실천할 수 있는 것이 됩니다.

박쌤ㅣ 저의 의문은 도덕을 이성의 영역으로만 바라볼 때 생기는 모순에 그치지 않습니다. 이성에 의해서만 덕이 성립된다고 할 때 도덕이 절대화되는 것은 아닌가 하는 의문도 있습니다. 소크라테스 선생께서는 이성을 통해 절대적인 진리에 도달할 수 있다는 신념을 갖고 계시지요? 인간에게 훌륭함이란 무엇인지에 대한 여러 가지 견해가 있을 수 없고 아름다움의 기준도 하나여야 한다고 말씀하시니까요. 그러면 당연히 그 연장선상에서 볼 때 이성을 통해 확립된 도덕의 기준도 오직 하나만 올바른 것일 텐데요. 소크라테스 선생께서는 소피스트들과 수많은 논쟁을 하셨는데, 그들의 문제의식도 경청할 필요가 있지 않나요? 이미 말씀하셨듯이 그들은 수많은 나라를 경험한 사람들입니다. 소피스트들은 다른 나라를 보고 관찰하면서 한 나라의 덕을 다른 나라에 적용하기 어렵다고 판단하고 도덕의 상대성을 강조했던 게 아닐까요?

소크라테스 | 그들은 그렇게 경험에만 의존했기 때문에 잡다한 지식은 가질 수 있었겠지만 진정한 진리에는 도달할 수 없었던 것이네. 사회마다 조금씩 다른 사정이나 특징이 있을 수는 있지. 하지만 그것이 인간에게 공통적인 덕을 부정하는 것을 정당화하지는 못하네. 만약 절대적이고 보편적인 덕이 없다고 상상해보게. 사람들은 저마다의 가치를 주장하고 자신의 부도덕한 행위를 합리화하려 들 걸세. 그러면 이 세상이 어떻게 되겠나? 조화와 질서는 사라지고 무질서와 혼란만이 가득하지 않겠나? 덕을 상대적인 것으로 여기는 견해는 이토록 위험한 걸세.

아리스토텔레스 | 이보게, 박쌤. 나도 그 점에서는 소크라테스 선생과 비슷한 문제의식을 갖고 있네. 진리는 오직 이성에 의해서만 인식 가능하고 일체의 감성적인 요소나 사물 자체에 대한 이해는 배제해야 한다는 소크라테스 선생의 견해에는 비판적이지만, 진리의 절대성과 도덕의 절대성에 대해서는 같은 생각일세. 인식이 현실의 인간과 사물에서 출발한다고 하더라도 개별의 것이나 우연성을 그대로 인정하자는 것은 아니니까 말이야. 따라서 이성을 통한 승화 과정을 거쳐야만 본질적인 인식에 도달할 수 있다고 봐야 하네.

또한 내가 《정치학》에서도 말했듯이 인간만이 스스로 선과 악, 정의와 부정의, 그리고 그와 같은 것들에 대한 감각을 가지고 있고, 그와 같은 감각을 소유한 존재들이 연합했을 때 비로소 가족과 국가를 형성할 수 있기 때문에 절대적인 진리와 도덕은 반드시 필요한 것이라고 봐야 하네.

박쌤 | 그러면 두 분은 덕이란 어떠한 개인이나 집단의 이해관계와도 무관한, 보편타당한 진리의 영역이라고 보시는 거네요?

소크라테스 | 당연하지. 만약 그렇지 않다면 감히 어떻게 윤리가 절대적이라고 말할 수 있겠나.

박쌤 | 소크라테스 선생께서는 올바름의 문제를 가지고 트라시마코스 선생과 논쟁을 한 적이 있으시죠?

소크라테스 | 있지. 내 제자인 플라톤이 그때의 대화 내용을 《국가》라는 책에 상세하게 정리해놓았더군. 그런데 그 사람은 왜? 별로 탐탁한 인물이 아닌데 말이야.

박쌤 | 그때 트라시마코스는 보편타당한 덕, 절대적인 진리를 주장하시는 소크라테스 선생께 다음과 같이 아주 신랄하게 반박을 했습니다.

> 선생께선 올바른 것과 올바름, 올바르지 못한 것과 올바르지 못함에 관해 그토록 캄캄하셔서 다음과 같은 사실조차도 모르고 계실 정도입니다. 말하자면 올바름과 올바른 것이란 실은 '남에게 좋은 것', 즉 더 강한 자와 통치자에게 편익이 되지만 복종하며 섬기는 자에게는 '자신에게 해가 되는 것'인 반면에, 올바르지 못함은 그 반대의 것입니다. 그러니까 지극히도 순진하신 소크

라테스 선생이시여, 이에 대해서는 이렇게, 즉 올바른 자는 올바르지 못한 자보다 어떤 경우에나 '덜 가진다'고 생각하셔야만 합니다.

한마디로 올바름과 올바른 것이란, 실은 강한 자와 통치자에게 편익이 되는 것이라는 주장입니다. 소크라테스 선생께서 기억하실지 모르겠는데, 그는 참주 정치가를 예로 들어 다음과 같이 선생님을 비판하더군요.

이는 남의 것을 신성한 것이건 세속의 것이건 개인의 것이건 공공의 것이건 간에 몰래, 그리고 강제로 조금씩 빼앗는 게 아니라 단번에 깡그리 빼앗는 거죠. 이런 올바르지 못한 행위들의 일부를 어떤 사람이 몰래 해내지 못했을 때, 그는 처벌을 받고 큰 비난을 받습니다. 어떤 사람들이 신전 절도범, 납치범, 가택 침입 강도, 사기꾼, 도둑이라 불리는 것은 이와 같은 못된 짓들과 관련하여 부분적으로 올바르지 못한 짓을 했기 때문입니다. 그러나 어떤 사람이 시민들의 재물뿐 아니라 그들 자신마저 납치하여 노예로 만들면, 그런 부끄러운 호칭 대신에 행복한 사람이나 축복받은 사람으로 불리게 되지요. 비단 자기 나라의 시민들에게서만 아니라 이 사람이 전면적인 불의를 저질렀다는 소식을 들은 다른 모든 사람에게서도 말입니다.

트라시마코스 선생은 진리나 도덕이라는 이름으로 불리는 것들은 보편적인 진리는커녕 지배 계급의 이해를 대변하는 이데올로기에 불과하다고 주장한 것으로 보입니다. 즉 지배자나 지배 계급이 자신의 권력을 강화하기 위해, 혹은 더 많은 부를 소유하기 위해 만들어놓은 규칙을 도덕이라는 이름으로 강제하고 있다고 비판한 것이지요. 선생께서는 진리나 도덕을 통해 인간은 행복해질 수 있다고 하셨지만, 그는 일반 사람들은 덕이 있는 행동을 함으로써 행복해지기는커녕 오히려 손해를 보고 불행해진다고 보았습니다.

소크라테스 선생께서는 이런 주장에 대해 여전히 완강하게 반대를 하시나요?

소크라테스 | 그 사람의 주장이야말로 전형적인 억지라고 봐야 하네. 나 역시 그런 못된 짓을 저지르는 참주 정치가가 있다는 것을 부정하지는 않네. 하지만 그런 사람은 일부라고 할 수 있지. 또한 내가 그러한 사람들의 행위를 싸고도는 것도 아니고 말이야.

그런데 덕이라는 게 어찌 그런 못된 인간들의 이해관계를 위해 존재하는 것이겠는가? 도덕은 부와 권력만을 탐하는 부정한 짓을 비판하고 순수한 영혼으로 돌아가서 보편적인 가치를 제시하는 것이라고 할 수 있네.

아주 쉬운 예를 들어서 생각해보세. 남의 물건을 훔치는 것은 어느 사회에서나 공통적으로 지탄받을 만한 나쁜 짓이네. 그 때문에 우리는 도둑질을 하면 안 된다는 규범을 갖고 있지. 이게 절대적인 가치가 아니면 무엇이겠나? 또한 살인하지 말라는 규범도 마찬가지네. 도둑질을 하는 행위나 남의 물건을 강제로 빼앗는 행위는 도덕적으로 결코 정당화될 수 없지.

박쌤 | 옛말에 한 사람을 죽이면 살인자고 수만 명을 죽이면 영웅이 된다는 얘기가 있습니다. 역사적으로 볼 때 영웅이라고 불리는 사람들은 대체로 전쟁 영웅이잖아요. 적게는 수만 명에서 많게는 수십만 명을 죽인 사람들이죠. 또한 전쟁이 아니라 하더라도 국가가 저지른 대규모 살인 행위는 인간의 역사에 널려 있을 정도로 허다합니다. 만약 살인하지 말라는 것이 보편적인 성격을 지니려면 전쟁은 물론이고 국가에 의한 일체의 살인도 비도덕적인 행위로 지탄을 받아야 할 것입니다. 하지만 소크라테스 선생 자신도 국가에 의한 전쟁을 부정하거나 반대하신 적은 없으십니다. 국가로부터 사형 선고를 받았을 때도 선생께서는 오히려 국가의 조치를 옹호하셨지요.

도둑질 문제도 마찬가지 아닐까요? 도둑질이라는 게 왜 생겨났습니까? 모두가 가난한 마을에는 도둑이 드는 일이 거의 없습니다. 레비스트로스를 비롯하여 20세기의 대표적인 문화인류학자들이 조사한 바에 따르면, 아마존 강 유역이나 호주에서 공동 생산과 분배가 이루어지는 원주민 마을에서는 절도가 거의 발견되지 않는다고 합니다. 제가 살고 있는 한국 사회만 해도 그렇습니다. 도시는 도둑이나 강도로 득시글거리지만 산자락 깊숙이 자리 잡고 있는 농촌은 사정이 전혀 다릅니다. 아직도 담이 없는 집이 대부분이고, 논이나 밭으로 일하러 나갈 때 문을 잠그지 않는 경우가 많습니다. 도둑질에 대한 우려가 별로 없는 것이지요.

절도죄라는 것은 사유 재산에 따른 빈부 격차가 발생하고 나서 생긴 게 아닐까요? 부를 가진 개인이나 집단이 권력을 장악하고 자신의 재산을 보호할 목적으로 만들어놓은 규범이라고 봐야 하지 않을까요? 더군다나 그런 막대한 부가 상당 부분 부당하게 형성한 재산임에도 그 재산은 국가에 의해 철저하게 보호되는 것은 물론이고 도덕적으로도 타당하다고 용인하면서, 개인의 절도에 대해서는 엄격하게 처벌하는 것이 현실 아닌가요? 그리스와 로마도 마찬가지였던 것으로 알고 있습니다. 특히 로마에서 라티푼디움이라는 대토지 소유제도가 만들어진 과정이 그러합니다. 부와 권력을 가진 소수의 유력자들이 국유지를 강제로 점유하였는데, 이것이 사유화되어 대토지 소유제로 발전했습니다. 일종의 거대한 절도, 강탈 행위였죠.

트라시마코스 선생은 바로 이러한 점을 지적한 것입니다. 올바름이나 도덕이라는 것이 지배 집단의 전횡을 보호하고, 약자를 그들의 지배 아래 두고자 하는 이데올로기의 다른 표현이라는 것이죠.

아리스토텔레스 | 이보게, 박쌤. 우리가 살던 시대는 신분제 사회였고 시대적인 한계가 있었네. 심지어 소크라테스 선생과 나 역시도 노예제를 지지했으니까 말이야. 나는 노예를 '말을 할 줄 아는 동물'로 규정하거나 여성과 노예는 완전한 인간이 될 수 없다고 주장하기도 했지. 그것은 그 시대의 한계에서 우리가 완전히 자유로울 수는 없었기 때문이라고 봐야 하네. 신분제 사회에서 귀족이 강제로 토지를 약탈하거나 여성을 인간 이하로 취급하는 도덕률을 정당화했던 것을, 박쌤의 시대에서 볼 때는 용납하기 어렵겠지. 그래서 우리가 주

장한 절대적인 올바름과 도덕에 대해서도 편의적인 개념이고, 지배집단의 이해관계를 반영한 논리일 뿐이라고 비판하는 점은 이해하네. 그러나 거듭 말하지만 그것은 그 시대의 한계로 이해하고 논의를 진행해야 할 걸세. 신분제가 사라진 자본주의 사회에서는 이제 외적인 억압이나 강제 없이도 절대적인 도덕률을 세우는 것이 가능하지 않겠나?

또한 국가는 별도의 문제로 바라보아야 하네. 내가 《정치학》에서 했던 말을 다시 한 번 강조하면, 전체는 필연적으로 부분에 앞서는 것이므로 국가는 가족이나 개인보다 앞서는 것이라고 봐야 하네. 예컨대 몸 전체가 파괴되면 발도, 손도 없을 것이라는 게 자명하지 않겠나? 국가와 개인의 관계도 마찬가지이네. 국가가 자연의 창조물이며 개인에 앞서 있다는 증거로 개인이 고립되어 있을 때에는 자급자족하지 못한다는 것을 봐도 분명하지. 그러므로 개인이 저지르는 살인과 국가나 군대의 살인은 같은 것으로 비교할 수 없는 일이네. 국가는 전체 사회를 보호하기 위해 불가피하게 무력을 사용하는 것이니 말이야. 이것을 어찌 개인의 비도덕적인 행위와 비교할 수 있겠나.

소크라테스 | 호오~ 오늘 자네와 내가 처음으로 의기투합을 하는 것 같네. 전부 일치하는 것은 아니지만 대체로 내가 하고 싶은 얘기를 자네가 대신해주고 있으니 말이야.

박쌤 | 아리스토텔레스 선생께서 말씀하신 대로 시대적인 한계를 고

려해야 한다는 것은 저도 전적으로 동의합니다. 하지만 시대적인 한계를 고려해야 한다는 것 자체가 이미 도덕이나 진리가 절대적일 수 없다는 것을 말해주는 것 아닌가요?

도덕이나 진리를 국가와 개인에 따라 다르게 적용해야 한다는 점도 마찬가지입니다. 도덕이나 진리의 문제에 있어서 왜 국가와 개인을 다르게 취급해야 하는지, 저는 아직도 이해를 잘 못하겠습니다. 하지만 그렇게 개인과 국가가 다르게 적용되어야 한다고 말씀하신다면, 역설적이게도 그 자체가 도덕과 진리의 절대성, 보편성을 스스로 부정하는 논리가 될 수 있지 않을까요?

신분제가 사라진 자본주의 사회에서 외적인 강제 없이 도덕 문제를 고려할 수 있는지에 대해서도 사실은 의문이 듭니다. 유럽에서 자본주의를 위한 대규모 자본 축적이 인클로저 운동을 통해 이루어졌다는 것은 상식에 속하는 역사적 사실입니다. 인클로저는 많은 유럽 국가들에서 부와 권력을 가진 사람들이 공유지나 주인 없는 땅, 황무지 등을 말 그대로 담장으로 둘러쳐서 사유화한 과정이었지요. 그 결과 농사지을 땅을 빼앗긴 소작농과 소농은 농업 노동자나 도시 노동자로 전락해버렸습니다. 인클로저 운동 역시 강제적인 토지 약탈이었지요. 대규모 자본 축적은 이러한 약탈 위에서 이루어졌습니다. 그때 약탈한 토지를 그들이 돌려주었나요? 천만의 말씀이죠. 약탈의 상태가 지금까지 이어져오고 있지만, 이를 도덕적으로 문제 삼고 있는 사람은 별로 없습니다. 개인의 절도 행위는 여전히 강력하게 처벌을 받고 있는데 말입니다.

이것만이 아니죠. 두 분 선생님이 살던 그리스 시대 이래로 여성에게 강제되었던 온갖 도덕률, 즉 남성 중심의 가부장제 사회가 만들어낸 도덕률도 정도의 차이는 있지만 현대 사회에 여전히 살아 있습니다. 따라서 도덕이란 지배 집단의 이해관계를 반영하고 그들의 이익을 보호하기 위한 성격을 지니고 있다는 트라시마코스 선생의 지적은 오늘날에도 여전히 고민해볼 가치가 있는 반론이 아닐까요?

소크라테스 | 이보게, 박쌤. 어떤 것이 올바른 것인가, 아름다운 것인가에 대해서는 서로 견해차가 있겠지만, 그거야 논쟁을 통해서 규명하면 될 일 아닌가? 자네 말대로 역사적으로 그러한 문제가 있다면 비판적으로 검토하고 고쳐야겠지. 무조건 덕의 절대성 자체를 부정하는 것은 곤란하네. 사회가 유지되고 인간이 행복하게 살기 위해서는 올바름과 올바르지 못함, 아름다움과 추함의 분별이 반드시 필요한 까닭이네.

박쌤 | 문제는 윤리를 절대화할 경우 다른 관점을 인정하려 하지 않는 경향이 생겨날 수밖에 없다는 것입니다. 선생께서 방금 말씀하신 분별 자체도 문제가 될 수 있고요. 올바름과 시비를 분별하려 들기 때문에 오히려 세상에 많은 문제가 생겨나고 있다는 비판도 가능합니다. 올바름을 구별하는 순간 올바르지 않은 사람이 생겨나고, 마찬가지로 용기를 구별하는 순간 용기 없는 사람이 생겨나게 되잖아요. 주관적인 잣대를 가지고 어떤 사람의 생각과 행동을 규정짓는 순간 세상에는 반목과 갈등, 지배와 억압이 생겨난다고 비판하는 사람들도 있습니다. 즉 타인 혹은 타 종족에 대한 지배와 억압에 언제

나 이러한 분별이 대의명분으로 쓰이고 있음을 비판하는 것이지요.

아리스토텔레스 | 그런 논리는 아주 위험할 것 같네. 비판자들의 말대로라면 자칫 도덕적 기준을 갖는 것 자체가 부정될 수 있지 않겠는가? 만약 우리 인간이 도덕적 기준을 설정하지 않는다면 큰 혼란이 불가피할 걸세. 무엇보다도 이기주의적인 선택과 행동이 두드러지게 나타나겠지. 인간이 각자의 이기적인 욕망에 의해 움직이면 사회는 유지되기 힘들 게 뻔하네. 윤리는 개인을 넘어서 사회를 유지하기 위한 최소한의 기준이고, 인간의 이기주의적인 경향을 제어할 수 있는 가장 중요한 것이기도 하지.

박쌤 | 선생님의 말씀처럼 윤리적 기준을 설정해야 하는 필요성은 인간의 이기적인 경향을 제어하고 사회를 유지한다는 데서 제기되는 경우가 많습니다. 하지만 그 말씀에 대해서도 비판적인 검토가 있어야 할 것 같습니다. 아마 니체가 가장 대표적일 것 같은데요. 그는 《인간적인 너무나 인간적인》에서 방금 아리스토텔레스 선생께서 제기한 문제의식에 대해 다음과 같이 비판합니다.

> 인간이 윤리와 비윤리, 선과 악에 대하여 구분을 지어온 근본 대립은 '이기적인 것'과 '비이기적인 것'의 대립에 있는 것이 아니라 인습과 규율의 속박, 그리고 그것들로부터의 해방에 있다. 이 경우 인습이 어떻게 '성립'된 것인가가 중요한 게 아니라 선악이라든가 그 밖의 내재적 지상명령에 대한 아무런 고려 없이 하나

의 공동체, 하나의 민족을 보존하고자 하는 목적이 중요한 것이다. 잘못 판단된 우연을 바탕으로 형성된 모든 미신적 관례는 인습을 강요하는데, 이 인습에 복종하는 것이 윤리적인 것이다.

윤리는 사회적인 규율이나 관례 따위에 순종하는 것을 의미한다고 니체는 밝히고 있습니다. 사회는 그렇게 순종하는 사람들에게 '선하다'는 칭호를 줍니다. 우리들이 자랄 때를 생각해봐도 그렇습니다. 부모님이나 주위 어른들이 아이나 학생들에게 "참 착하다."라고 말할 때는 대부분 부모님 말을 잘 들을 때, 유치원이나 학교에서 시키는 대로 잘할 때…, 뭐 이런 경우였습니다. 정해진 규율이나 관례를 잘 지킬 때 착하다는 칭찬을 듣게 되고, 이를 지키지 않거나 이에 도전하면 바로 "싸가지 없다."는 소리를 듣기 십상이지요. 이렇듯 사회에서 비도덕 혹은 악으로 규정되는 것은 대체로 인습을 역행하는 것들입니다.

아리스토텔레스 선생은 윤리와 비윤리, 선과 악의 구분이 마치 이기적인 것과 비이기적인 것에 있는 것처럼 말씀하셨지만, 니체는 그게 아니라 본질적으로 인습과 규율에 대한 속박이냐, 해방이냐에 있다고 주장합니다. 실제로 현실에서는 타인에게 해를 입히는 이기적인 행위가 아니더라도 그것이 사회적인 규율과 다르면 '비도덕'이라든가 '악'이라는 딱지를 붙이곤 합니다. 예컨대 보통 집시문화를 비윤리적이라고 하지요. 스페인의 집시들은 수백 년 동안 가톨릭 군주들과 교회의 핍박을 받았습니다. 미국도 집시를 비윤리적인 집단으로 묘사해왔고요. 하지만 집시가 타인에게 직접적인 피해를 주는 것은 아니잖아요.

그런 점에서 윤리란 사회의 규율을 강제하기 위해 만들어놓은 장치에 불과하다고 한 니체의 주장은 일정한 타당성을 지니고 있다고 볼 수 있지 않을까요?

아리스토텔레스 | 아니네. 윤리는 반드시 사회적인 성격을 지녀야 하네. 따라서 윤리가 사회적인 규율과 밀접한 관련을 갖는 것은 문제가 아니라 바람직한 것으로 봐야 하네. 그래서 윤리에 대한 나의 인식을 총체적으로 정립한 《니코마코스 윤리학》에서, 나는 의도적으로 마지막 장의 주제를 '우리의 목적이 달성되려면 입법이 필요하다'로 하였네. 《니코마코스 윤리학》과 《정치학》을 자연스럽게 연결시키려는 의도였지. 이 둘은 불가분의 관계라고 볼 수 있네.

올바른 법률 아래서 양육받지 못한다면 올바른 훈련을 받고 덕이 있는 사람이 되는 것은 어려운 일이지. 절제 있게, 또 애써 일하면서 산다는 것은 대부분의 사람들, 특히 젊은 사람들에게는 유쾌한 일이 아니기 때문이네. 이런 까닭에 윤리와 관련하여 그들의 양육과 그들이 종사해야 할 여러 가지 일이 법률에 의하여 규정되어야만 하지. 습관이 되면 고통스럽지 않기 때문이야.

청소년 시절에 바른 양육과 훈도를 받고, 또 이것들을 습관화하려면 이를 위한 법률과 생활 전체에 관한 법률이 있어야만 하네. 대부분의 사람들은 고귀하고 아름다운 가치나 말보다는 강제와 처벌을 따르니 말일세.

박쌤 | 선생은 도덕적 행위의 가장 고유한 특징을 '비개인적'인 요소라 여기고 있습니다. 진정한 도덕성은 오히려 '개인적'인 요소에 바탕을 두어야 하지 않을까요?

칼 포퍼가 《열린사회와 그 적들》에서 "우리는 흔히 우리 자신을 넘어선 어떤 것, 우리가 헌신할 수 있는 어떤 것, 우리가 그것을 위해 희생해도 될 어떤 목적을 지향해야 한다는 것을 당연하게 받아들인다. 따라서 그와 같은 어떤 것은 바로 '역사적 사명'을 가지고 임해야 할 집단적인 것임에 틀림없다고 결론을 내린다. 우리는 희생하라는 말을 듣게 되며, 동시에 그렇게 하면 훌륭한 거래를 한 것이라고 확신한다."라고 하면서 "이것은 극소수 사람들만의 가치가 인정되고 평범한 사람들은 버림받는 시대의 미심쩍은 도덕률이요, 역사 교과서에 한 자리 차지할 기회를 가진 정치적 귀족이나 지적 귀족들의 도덕률이라 하지 않을 수 없다. 이것은 도저히 정의와 평등주의를 찬성하는 사람들의 도덕률일 수가 없다."라고 한 것은 나름대로 의미 있는 비판이 아닐까요?

실제로 우리는 자신의 안위를 생각하지 않고 사회와 집단을 위해 희생한 사람을 도덕적이라고 생각합니다. 아니, 그렇게 교육을 받아 왔죠. 반대로 니체의 주장처럼 "자신을 완전한 '개인'으로" 만들고, "모든 행위에 있어 개인의 '최고 안녕'을" 추구하는 것이 "타인을 위한 동정적인 감동이나 행위보다도 더 진보하게 해주는 것"이라고 고려해볼 수는 없나요?

아리스토텔레스 선생께서 좀 전에 생활 전체에 관한 법률이 있어야만 한다는 이유로, 사람들이 자발적으로 고귀한 가치를 추구하기

보다는 강제와 처벌에 따르는 경향이 더 강하기 때문에 윤리에 있어서도 강제력이 중요하다고 언급하셨는데요. 저는 이 대목에서 많은 문제의식을 느꼈습니다. 이것은 윤리의 비개인적, 사회적 성격에 더하여 강제력을 강조함으로써 개인에 대한 억압을 노골적으로 강요하는 것 아닌가요?

아리스토텔레스 | 강제력과 관련하여 분명히 그렇게 말했네. 선한 사람이 되려면 좋은 양육을 받고 좋은 습관을 붙여야 하며, 또 의식적으로든 무의식적으로든 나쁜 행위를 해서는 안 된다고 할진대, 이런 일이 가능하려면 모름지기 이성과 올바른 질서에 따르는 생활을 해야만 하지. 그리고 통제에는 힘이 있어야만 하네. 부모의 명령에는 이러한 힘이나 구속력이 약해서 한계가 너무 많아. 반면 법률에는 구속력이 있지. 법률은 일종의 선의지와 이성에서 우러나오는 규칙으로, 개인의 이기적인 행동을 통제하고 공적인 이해를 안정화시키기 위해 필수적인 요소라 할 수 있지.

박쌤 | 바로 그 점을 트라시마코스 선생이 비판했던 게 아닌가요? 트라시마코스 선생이 올바름이란 사회의 강자가 자신의 재물과 권력을 얻기 위한 방편에 불과하다고 비판한 것은, 도덕의 이름 하에 폭력과 강제를 이용하여 다수의 약자를 지배하고자 하는 것에 대한 경계였습니다. "내가 하면 로맨스고 남이 하면 불륜"이라는 강자 중심의 윤리 개념을 누가 쉽게 받아들였겠습니까? 다수의 사람들이 반발했을 테고, 결국 사회의 강자들은 강제력을 동원했을 겁니다. 아

리스토텔레스 선생의 논리는 윤리가 지배 계급의 이데올로기적 성격을 갖는다고 한 그의 비판을 인정하는 꼴 아닌가요?

소크라테스 | 그 점에 대해서는 내가 반박을 하겠네. 자유와 복종을 서로 대립하는 개념으로만 보면 그런 식의 결론에 도달하겠지만, 이 둘이 항상 대립하는 관계는 아니라네. 자유로운 복종도 얼마든지 가능하단 말일세. 인간은 자유 의지를 가진 존재가 아닌가? 자유 의지가 없다면 오로지 강압적인 지배와 복종, 먹고 먹히는 관계만이 존재하겠지. 그런 까닭에 동물에게는 도덕을 기대하지도 않고, 동물 세계에 적용하지도 않는 것이네. 앞에서도 말했지만, 도덕은 오직 의식적인 선택, 즉 자유 의지에 의해서만 성립이 가능하고, 그런 까닭에 인간에게만 적용될 수 있는 것이네. 또한 우리가 어떤 사람을 비윤리적이라고 말할 때에도 그러한 동물성을 벗어나지 못하고 본능적인 욕구에 머무르는 경우를 지칭하는 것이라네.

윤리적 의미에서의 복종은 개별적인 인간이 사회를 질서 있게 유지하기 위해 자유 의지로 선택한 자유로운 복종으로 이해해야 하네. 그리고 이를 어길 경우 사회적인 강제력을 행사하는 것도 사회를 유지하기 위해 우리가 선택한 것이기 때문에 억압적인 것으로 보아서는 안 되네. 그러니 윤리를 특정 계급이나 집단의 이해관계의 산물로 바라보는 견해는 인간과 사회에 대한 이해가 결여된, 참으로 어리석은 견해라고 할 수 있네.

박쌤 | 선생의 말씀대로 국가가 만들어지기 이전에 개인은 서로를

위협하거나 상대방에게 폭력을 가했을 수도 있습니다. 하지만 그러한 것이 대체로 어떤 경우인지에 대해서는 조금 더 고민해보아야 할 듯합니다. 그러한 위협과 폭력은 주로 누가 행사할까요? 그저 막연하게 무차별적인 대상을 설정하고 자신의 안전을 위해 서로가 위협과 폭력을 일상적으로 행사하는 것일까요? 아닐 겁니다. 우리가 확인할 수 있는 인간 사회만 보더라도, 국가나 법에 의해 질서를 확립하지 않고 자연 발생적인 공동체 방식으로 살아가는 집단이 오히려 서로 협동하고, 강제가 아닌 조정을 통해 문제를 해결하는 경우를 많이 볼 수 있습니다. 인간의 역사에서 볼 때 노골적인 위협과 폭력은 보다 힘이 약한 자들을 자기에게 굴복시키려는 권력자나 또는 그러한 집단에서 나타나는 행동이었습니다.

그런 점에서 어떤 강력한 개인과 집단이 국가라는 형식을 매개로 개개인을 굴복케 하여 일사분란하게 정렬시킬 때, 비로소 도덕성을 위한 기초가 정비되는 것이 일반적이 경우였다고 봐야 하지 않겠습니까? 특히 초기에는 직접적인 폭력에 의한 강제력이 가장 중요한 방법이었고요. 그 후에 직접적인 폭력이 윤리라는 이름으로, 마치 자유 의지에 의한 복종인 것처럼 세련화되어가는 과정이라고 보는 게 정확하지 않을까요? 그러다가 오랜 세월이 흐르면서 이게 마치 인간의 본능처럼 굳어져서 미덕으로 불리게 되었고요. 그러므로 선생께서 말씀하신 자유로운 복종은 역사적인 의미에서 허구에 가깝다는 비판이 얼마든지 가능할 것 같습니다.

소크라테스 | 거 참, 박쌤이 의외로 좀 까칠하네그려. 나 역시 그 문제

에 대해서는 같이 충분히 토론하고 싶네. 하지만 오늘 그 모든 논의를 다 할 수는 없는 노릇이니 다음을 기약하세.

박쌤ㅣ 제가 늘 궁금했던 문제이기도 하고, 소크라테스 선생님과 아리스토텔레스 선생님 모두의 윤리관에 대해 제기될 수 있는 비판을 다루려고 하다 보니 말이 많아졌나 봅니다. 소크라테스 선생의 말씀대로 오늘은 절대적 윤리관과 관련하여 어떤 논란이 있을 수 있는가를 이해하는 정도에서 만족해야겠네요.

두 분과 함께 논의를 하다 보니 어느새 시간이 꽤 흘렀습니다. 워낙 주제 자체가 무겁고 다방면에 걸쳐 있어서 더 깊이 들어가지 못한 아쉬움도 있었던 것 같습니다. 끝으로 오늘 논쟁을 마치며 후세대들을 위해 한 말씀씩 해주셨으면 합니다.

소크라테스ㅣ 현대 사회가 도덕의 상실이라는 말로 특징지을 수 있을 만큼 혼란한 사회라고 하니 답답하기 그지없네. 어쩌면 내가 살던 그리스 시대의 사람들보다 현대인들이야말로 진정한 행복이란 무엇인지에 대해 더 치열하게 고민을 해야 할 것 같구먼. 특히 가치판단을 배제한 학문이란 가짜 지식에 불과하다는 점은 아무리 강조해도 지나치지 않을 것 같네그려.

아리스토텔레스ㅣ 나는 중용의 덕을 다시 한 번 강조하고 싶네. 현대 사회처럼 복잡하고 다양한 이해관계가 충돌하는 사회일수록 어느 한쪽에 치우치는 일을 경계해야 할 거야. 이를 위해서는 도덕을 뺀한 공자님 말씀 정도로 여기는 시각을 바꾸어야 하네. 도덕이 당위적인 것이라는 관념에서 벗어나려면 덕 자체에 대한 본격적인 고민이 필요하지.

박쌤 | 두 분, 오늘 어려운 발걸음을 해주셔서 고맙습니다. 워낙 다양한 분야에 걸쳐서 지적 성과를 이룩하신 분들이라 당연히 다음 기회에 몇 번 더 모셔야 할 텐데, 그때도 후세대를 위해 선뜻 나서주시기 바랍니다. 감사합니다.

소크라테스의 변명

아테네인 여러분, 여러분 중에는 다음과 같이 대답하는 사람이 있을 것입니다.

"소크라테스, 당신의 말이 옳다고 하자. 그러나 당신에 대한 고발은 어디에서 비롯되었는가? 당신이 해온 일에는 분명히 이상한 점이 있지 않겠는가? 당신에 관한 온갖 평판과 소문은 당신이 다른 사람과 다른 점이 없다면 생기지 않았을 것이 아닌가? 그렇다면 그 원인이 무엇인지 말해주오. 우리는 성급하게 당신을 판단하고 싶지 않기 때문이오."

나는 이 말을 정당한 도전이라고 생각하며, 내가 여러분에게 현명한 사람이라 불리게 되고, 또 나쁜 평판을 갖게 된 까닭을 설명하고자 합니다. 조용히 들어주시기 바랍니다. 그리고 여러분 가운데 내가 농담을 하고 있다고 생각할 사람이 있을지도 모르나, 나는 전적으로 진실만을 말할 것을 맹세합니다. 아테네인 여러분! 나의 이러한 평판은 내가 어떤 종류의 지혜를 갖고 있기 때문에 생긴 것입니다. 여러분이 어떤 종류의 지혜인가 하고 묻는다면, 나는 인간이 획득할 수 있는 지혜라고 대답하겠습니다. 인간이 획득할 수 있는 한도 내에서만, 나는 내가 현명하다고 믿기 때문입니다.

(…중략…)

아테네인 여러분, 나는 여러분을 존경하고 사랑합니다. 그러나 나는 여러분보다는 신에게 복종할 것이며, 나에게 생명과 힘이 있는 동안 지혜를 애구하고, 지혜를 가르치며, 내가 만나는 사람들에게 충고를 하고, 평소처럼 다음과 같이 말하는 일을 결코 멈추지 않을 것입니다. "위대하고 강력하며 현명한 아테네 시민인 그대, 나의 벗이여, 그대는 최대한의 돈과 명예와 명성을 쌓아올리면서 지혜와 진리와 영혼을 최대로 향상하기 위한 노력은 거의 하지 않고, 이러한 일을 전혀 고려하지도 주의하지도 않은 것을 부끄러워하지 않는가?"라고 말입니다.

그리고 내가 논쟁을 하고 있는 사람이 "천만에요, 나는 유의하고 있습니다."라고 말하더라도, 나는 곧 그와 헤어지거나 그가 도망가게 놓아두지는 않을 것입니다. 오히려 질문을 계속해서 그에게 캐묻고 시험하며 논파할 것이고, 만일 그가 덕이 없으면서도 덕을 가졌다고 주장할 뿐이라고 생각되면, 나는 가장 가치 있는 것을 과소평가하고 가치가 적은 것을 과대평가한다고 그를 비난할 것입니다. 또한 내가 만나는 모든 사람들에게, 청년이든 노인이든 시민이든 외국인이든 가리지 않고 이와 같은 말을 되풀이할 것입니다. 특히 시민들에게 그렇게 하겠습니다. 그들은 나의 동포이기 때문입니다. 아시

다시피 이것은 신의 명령입니다.

  나는 이 나라에서는 신에 대한 나의 봉사 이상으로 위대한 선(善)이 생긴 일이 없다고 믿고 있습니다. 왜냐하면 내가 돌아다니며 하는 일은 여러분 모두에게, 노인이든 청년이든 가리지 않고 여러분의 육신이나 재산을 생각하기에 앞서 우선적으로 영혼의 최대의 향상을 고려해야 한다고 설득하는 것뿐이기 때문입니다. 나는 여러분에게 돈으로부터 덕이 생기는 것이 아니라, 공적이든 사적이든 간에 덕으로부터 돈과 기타의 좋은 일이 생긴다고 말하고 있는 것입니다. 이것이 나의 가르침이며, 만일 이러한 가르침이 청년을 타락시키는 이론이라면 나는 해로운 사람입니다. 그러나 이것이 나의 가르침이 아니라고 말하는 사람이 있다면, 그는 진실을 말하는 것이 아닙니다.

  오, 아테네인 여러분. 내가 아니토스에게 찬성하든 찬성하지 않든, 또 그가 나를 방면하든 방면하지 않든 그것은 여러분의 마음대로라고 나는 말합니다. 그러나 어떻게 하든 간에 나는 나의 행동을 바꾸지 않을 것이며, 그에 대한 여러분의 이해를 구합니다. 비록 내가 몇 번이나 사형을 당한다 하더라도 말입니다.

- 출전 : 《소크라테스의 변명》, 황문수 옮김, 문예출판사, 1999

국가

  자, 그러면 트라시마코스 선생. 우리한테 처음부터 대답해 주시오. 선생은 완벽하게 올바르지 못함이 완벽한 올바름보다도 더 이득이 된다고 주장하시오?" 내가 물었네.

"물론 그렇게 주장할 뿐만 아니라, 그 이유들도 또한 밝혔었죠." 그가 대답했네.

"자, 그러면 선생은 이것들과 관련해서 이런 건 어떻게 말하겠소? 선생은 그 둘 중에서 하나는 '훌륭함'(훌륭한 상태, 덕: aretē)으로 일컫겠지만, 다른 하나는 '나쁨'(나쁜 상태, 악덕: kakia)으로 일컬을 것 같은데요?"

"어찌 그러지 않겠습니까?"

"그렇다면 올바름은 훌륭함으로, 올바르지 못함은 나쁨으로 일컫겠소그려?"

"잘도 그러겠네요, 천진하신 분이시여! 어쨌든 올바르지 못함은 유익하지만, 올바름은 그렇지 못하다고 제가 주장하는 터에 말씀입니다." 그가 말했네.

"그러면 뭐라 말하겠소?"

"정반대롭니다." 그가 대답했네.

(⋯중략⋯)

"그래, 트라시마코스 선생. 선생에겐 올바르지 못한 사람들이 분별 있고 훌륭한 사람들로 생각되나요?"

"그렇습니다. 실로 올바르지 못함을 완벽하게 행할 수 있는 사람들이면, 그리고 나라들과 부족들을 자신들의 지배 아래 둘 수 있는 사람들이면 말입니다. 아마도 선생께선 제가 소매치기 따위를 두고 말하는 것으로 생각하시겠죠. 하기야 그런 것도 들키지만 않는다면 이득이 되죠. 그러나 그런 건 언급할 가치도 없고, 그럴 가치가 있는 것은 방금 말씀드린 그런 것들입니다." 그가 말했네.

"그 점에 대해서는 선생이 말하고자 하는 바를 모를 것도 아니오만, 내가 의아스럽게 여긴 것은 이 점이오. 즉 선생이 혹시 '올바르지 못함'을 [사람의] 훌륭함(덕)과 지혜의 부류로 간주하되, '올바름'은 그 반대의 것들로 간주하는 게 아닌지 말이오." 내가 말했네.

"하지만 저로서는 전적으로 그렇게 간주하고 있는 걸요."

그래서 내가 말했네. "친구여, 이건 한결 더 다루기 어려운 경우여서, 이젠 뭐라 말할 것인지를 알기가 쉽지 않소. 만약 선생이 올바르지 못함을 이득이 되는 것으로 간주할지라도, 남들이 더러 그러듯, 이게 실은 나쁨이요, 창피스러운 것이라는 데 동의한다면야, '일반적인 믿음들(ta nomizomena)'에 따라 말함으로써, 무슨 말이든 할 수 있을 터이니 말이오. 하지만 선생이 이걸 훌륭하고 강한 것이라 말하며, 또한 우리가 올바른 것에 귀속시키는 그 밖의 모든 것을 이것에다가 귀속시킬 것임이 이제 명백하오. 선생이 올바르지 못함을 감히 [사람의] 훌륭함과 지혜로 간주한 게 분명하니까 말이오."

"더없이 정확하게 알아맞히십니다." 그가 말했네.

(…중략…)

"(…중략…)다음에 대해서도 내게 대답해 주도록 하시오. 올바른 이는 올바른 이를 어떤 점에서 '능가하고(넘치고)' 싶어하는 걸로 선생에겐 생각되오?" 내가 물었네.

"천만에요. 그렇고서야, 그가 지금처럼 예의바르고 순진하지는 않을 테니까요." 그가 대답했네.

"그럼 올바른 행위에 대해서는 어떻소?"

"올바른 행위에 대해서도 그렇지 않습니다." 그가 대답했네.

"한데, 올바른 사람은 올바르지 못한 사람을 능가할(pleonektein) 자격이 있다고 여기고서, 그것을 올바르다고 생각할까요, 아니면 그렇지 않다고 생각할까요?"

"그렇게 생각할 뿐만 아니라 그럴 자격이 있다고 여기겠지만, 능가할 수가 없겠죠." 그가 말했네.

"하나, 내가 묻는 건 그게 아니고, 올바른 이는 올바른 이를 능가할 자격이 있다고 여기지도 않거니와 그러고 싶어하지도 않으나, 올바르지 못한 사람에 대해서는 그러는가 하는 것이오." 내가 말했네.

"그야 그러죠." 그가 말했네.

"하지만 올바르지 못한 사람은 어떻소? 그러니까 그는 올바른 사람과 올바른 행위를 능가할 자격이 있다고 여기겠구려?"

"어찌 그렇지 않겠습니까? 이 사람이야말로 자신이 모든 것에 대해서 능가할 자격이 있다고 여기겠죠?" 그가 말했네.

"그러니까 올바르지 못한 사람은 올바르지 못한 사람에 대해서, 그리고 올바르지 못한 행위에 대해서도 능가하게 될 것이며, 또한 그는 모든 것에 대해서 자신이 취할 수 있는 한 최대의 것을 취하려고 경쟁을 하지 않겠소?"

"그렇습니다."

"그럼 이렇게 말할까요? 올바른 사람은 저와 같은 사람에 대해서는 능가하려 하지 않으면서도, 같지 않은 사람에 대해서는 그러려 하지만, 올바르지 못한 사람은 [저와] 같은 사람에 대해서도 같지 않

도덕 논쟁 97

은 사람에 대해서도 능가하려 한다고 말이오?" 내가 물었네.

"아주 훌륭히 말씀하셨습니다." 그가 말했네.

"그렇지만 올바르지 못한 사람은 분별 있고 훌륭하지만, 올바른 사람은 그 어느 쪽도 아니라고 하면?" 내가 물었네.

"그 말씀 또한 훌륭합니다." 그가 대답했네.

"그렇다면 올바르지 못한 사람은 분별 있는 이와 훌륭한 이를 닮았지만, 올바른 이는 그 어느 쪽도 닮지 않았겠구려?" 내가 물었네.

"실제로 그런 사람인데, 어찌 그런 사람들과 닮아 보이지 않겠으며, 반면에 실제로 그렇지 못한 사람이 어찌 그런 사람들과 닮아 보이겠습니까?" 그가 반문했네.

"좋소. 그러면 이들 각자는 자기가 닮아 보이는 그런 사람이겠구려?"

"그렇지 않고요?" 그가 반문했네.

"됐소, 트라시마코스 선생! 그런데 선생은 어떤 이는 시가(詩歌, 음악)에 능하다(교양이 있다: mousikos)고 하되, 또 어떤 이는 시가(음악)를 모른다(교양이 없다: amousos)고 말하겠구려?"

"저는 그럽니다."

"선생은 어느 쪽을 분별력이 있다고 하고, 또 어느 쪽을 분별력이 없다고 하나요?"

"그야 시가에 능한 이를 [시가에 있어서] 분별력이 있다 하되, 시가를 모르는 이는 분별력이 없다고 분명히 말합니다."

"그렇다면, 그가 분별력이 있는 것들에 있어서는 훌륭하나, 분별력이 없는 것들에 있어서는 변변찮다고 하겠구려?"

"그렇습니다."

"한데, 의술에 능한 사람의 경우는 어떻소? 마찬가지 아니겠소?"

"마찬가집니다."

"그렇다면, 여보시오, 시가(음악)에 능한 어떤 사람이 리라를 조율할 때, 현을 죄거나 늦춤에 있어서 역시 시가(음악)에 능한 다른 사람을 능가하고자 하거나 또는 능가할 자격이 있다고 여길 것으로 선생한테는 생각되오?"

"제겐 그렇게 생각되지 않는군요."

"어떻소? 시가에 능하지 못한 이에 대해서는 그러겠소?"

"그야 필연적입니다." 그가 대답했네.

"그러면 의술에 능한 사람은 어떻소? 이 사람은 먹고 마심에 관련해서 의술에 능한 사람이나 또는 그 처방에 대해 능가하고자 할 것으로 생각되나요?"

"분명 그리 하려 하지 않을 것입니다."

"그러나 의술에 능하지 않은 사람에 대해서는 그리 하려고 하겠죠?"

"네."

"이젠 온갖 지식 및 무지와 관련해서 생각해 보시오. 혹시 선생이 생각하기에 누구를 막론하고 전문적 지식이 있는 사람이 또 다른 어떤 전문가가 행하거나 말하는 바를 능가하는 선택을 하고자 할 것 같은지, 그래서 동일한 일처리를 두고서 자신과 같은 사람과 동일한 선택을 하려 하지 않을 것 같은지를 말이오."

"그야 아마도 같은 선택을 하는 쪽이 필연적일 것입니다." 그가 대답했네.

"그러나 전문 지식이 없는 자는 어떻겠소? 이 사람은 전문가에 대해서건, 또는 전문 지식이 없는 사람에 대해서건 똑같이 이들을 능가하려 하지 않겠소?"

"아마 그럴 겁니다."

"한데, 전문 지식이 있는 이는 지혜롭겠죠?"

"시인합니다."

"그러면, 지혜로운 이는 훌륭하겠고요?"

"시인합니다."

"그러니까 훌륭하고 지혜로운 이는 자기와 같은 이에 대해서는 능가하고자 하지 않으나, 자기와는 같지 않고 반대되는 사람에 대해서는 능가하고자 하겠소."

"그럴 것 같군요." 그가 대답했네.

"그러나 못되고 무지한 자는 자기와 같은 자에 대해서도 그리고 반대되는 자에 대해서도 능가하고자 할 것이오."

"그럴 것 같습니다."

"그러니까 트라시마코스 선생, 우리의 이 올바르지 못한 사람은 자기와 같지 않은 자에 대해서도, 그리고 자기와 같은 자에 대해서도 능가하려 하겠죠? 선생은 그렇게 말하지 않았소?" 내가 물었네.

"저야 그랬죠." 그가 대답했네.

"그렇지만 적어도 올바른 사람은 자기와 같은 이에 대해서는 능가하려 하지 않을 것이나, 같지 않은 자에 대해서는 능가하려 하겠구려?"

"네."

"그러니까 올바른 사람은 지혜롭고 훌륭한 이를 닮았으되, 올바르지 못한 사람은 못되고 무지한 이를 닮았겠소." 내가 말했네.

"그런 것 같군요."

"그러고 보면, 이들 각자는 저마다 자기가 닮은 바로 그런 사람이라는 점에 우리가 동의했소."

"동의하고말고요."

"따라서 올바른 이는 훌륭하고 지혜롭되, 올바르지 못한 이는 무지하고 못된 것으로 우리한테는 판명되었소."

— 출전: 《플라톤의 국가·政體》(개정 증보판), 박종현 역주, 서광사, 2005

크리톤

크리톤ㅣ 오, 친애하는 소크라테스여, 나를 믿고 다시 한 번 내 충고에 따라 달아나도록 하게. 자네가 죽으면 나는 두 번 다시 만날 수 없는 친구를 갖게 될 뿐 아니라, 또 한 가지 난점이 생기네. 자네와 나를 잘 모르는 사람들은 내가 돈을 쓰기만 했다면 자네를 구할 수 있었을 텐데 그렇게 하지 않았다고 믿을 걸세. 게다가 그보다 더 나쁜 불명예가 생기네. 내가 친구의 목숨보다 돈을 더 소중히 여겼다고 하지 않겠는가? 많은 사람들은 내가 자네에게 도피하라고 했으나 자네가 거절했다는 말을 믿지 않을 거야.

소크라테스 | 그러나 크리톤, 많은 사람들의 의견에 구애될 이유가 무엇인가? 선량한 사람들은, 이러한 사람들만이 고려의 가치가 있거니와, 이번 일을 사실 그대로 믿어줄 걸세.

크리톤 | 그러나 소크라테스, 자네도 알다시피 다수의 의견은 존중하지 않으면 안 되네. 자네에게 일어난 일만 보더라도 그들은 그들의 비방의 대상이 된 사람에게 최대의 해를 끼칠 수 있다는 것이 분명하니까.

소크라테스 | 나는 그렇게 되기를 바랄 뿐이네. 많은 사람들이 최대의 해를 끼칠 수 있다면, 그들은 최대의 선도 이룩할 수 있을 게 아닌가. 그렇게 된다면 얼마나 좋은 일인가! 그러나 사실은 어느 쪽도 하지 못하네. 그들은 사람들을 현인으로도, 바보로도 만들지 못하기 때문이야. 그들이 무슨 일을 하든 그것은 우연히 일어난 일에 지나지 않아. (…중략…) 체조 연습에 열중하고 있던 학생은 만인의 찬양과 비난과 의견을 경청해야 할까, 아니면 그가 누구든 의사나 체육가 한 사람의 말만 들어야 할까?

크리톤 | 한 사람의 말을 들어야지.

소크라테스 | 그 학생은 모든 다른 사람들의 의견을 종합해서 거기에 따르기보다는 오히려 분별력 있는 한 사람의 교사가 좋다고 생각하고, 그에 따라 행동하고 훈련하고 먹고 마셔야 하겠지? 그 학생이

한 사람에게 복종하지 않고 그 의견과 찬양을 존중하지 않는다면, 그 대신 분별력 없는 많은 사람들의 의견을 존중한다면, 그는 해를 입게 되겠지?

크리톤 | 분명히 그는 해를 입을 걸세.

소크라테스 | 그렇다면 크리톤, 다른 일도 마찬가지가 아니겠나? 우리가 지금 검토하고 있는 정의와 부정, 미와 추, 선과 악의 문제에 있어서도 우리는 많은 사람들의 의견을 따르고 그 의견을 두려워해야 할까, 아니면 분별력이 있는 한 사람의 의견을 따르고 그 의견을 두려워해야 할까? (…중략…) 그렇다면 나의 벗이여, 우리는 많은 사람들이 우리들에 대해 무슨 말을 하든 괘념하지 말아야 하네. 오직 정의와 부정을 분별할 줄 아는 한 사람, 그 사람이 말하는 것, 그리고 진리를 존중해야 하네. 그러므로 자네가 우리는 정의와 부정, 선과 악, 명예와 불명예에 대해서 많은 사람들의 의견을 존중해야 한다고 충고한다면 자네는 처음부터 잘못을 범하는 것이네.

(…중략…)

소크라테스 | 내가 막 도망을 가려고 하는데 국법과 정부가 나에게 "소크라테스, 당신이 무슨 일을 하려고 하는지 말해주게. 당신은 당신의 행동으로 우리들, 그리고 국법과 국가 전체를 쓰러뜨리려고 하지 않는가? 법의 결정이 힘을 발휘하지 못한 채 개인에 의해 무효가 되고 짓밟히는 경우에도 당신은 국가가 존속하고 전복되지 않는다고 생각하는가?"라고 묻는다고 상상해보게. 이러한 말에 대해 우리

는 어떤 대답을 할 수 있을까? (···중략···)

　국법은 다음과 같이 말할 테지.

　"소크라테스, 우리들이나 도시가 당신을 불쾌하게 만들지 않았다는 분명한 증거가 있네. 모든 아테네 사람들 가운데 당신은 이 도시를 떠난 적이 거의 없는 사람이며, 당신이 떠나지 않았다는 것은 당신이 이 도시를 사랑한다는 뜻도 되네. (···중략···) 또한 당신은 이 도시에서 아이를 낳았는데, 이것은 당신이 만족하고 있다는 증거일세. 게다가 당신은 재판 과정에서, 당신이 원했다면 처벌로 추방을 제의할 수도 있었어. 국가는 지금은 당신이 국외로 나가는 것을 거절하겠지만 그때는 허락했을 거야. 그러나 당신은 추방보다는 죽음을 택했고 태연히 죽을 수 있는 체를 했단 말이야.

　그런데 지금은 그때의 훌륭한 감정은 잊어버리고, 우리들 법률을 존중하지 않으며 오히려 우리들을 파괴하려 하고 있어. 그리고 당신이 시민으로서 한 약속과 동의로부터 등을 돌리고 달아나려고 하는데, 이것은 오직 비천한 노예들이나 할 수 있는 짓이야.

　무엇보다도 먼저 다음 질문에 대답해주게. 당신은 말뿐 아니라 행동에 있어서도 우리들의 다스림을 받을 것을 약속했다고, 우리가 말하는 것이 옳은가, 옳지 않은가?"

　크리톤, 우리는 어떤 대답을 해야 할까? 우리는 동의할 수밖에 없겠지?

크리톤 | 동의할 수밖에 없군, 소크라테스.

소크라테스 | 그러면 법률은 다음과 같이 말하겠지.

"소크라테스, 당신은 우리들과의 약속 및 동의를 파기하려고 하는 것이야. 게다가 당신은 강요를 받거나 기만을 당해서 성급하게 약속한 것이 아니라, 70년 동안이나 숙고할 시간을 갖고 한가하게 약속한 거야. 그런데 이 70년 동안에 우리들이 당신의 마음에 들지 않았다거나 우리들의 약속이 당신에게 공정하지 못했다면 당신은 마음대로 이 도시를 떠날 수도 있었어. 당신은 마음대로 할 수 있었고, 당신이 좋은 정부를 갖고 있다고 칭찬한 라케다이몬이나 크레타, 또는 다른 그리스 국가나 그리스 이외의 국가로 갈 수도 있었어.

그러나 당신은 다른 어떤 아테네 사람보다도 이 나라를 좋아했어. 다시 말하면 우리들 법률을 좋아했어(법률이 없는 나라를 좋아할 수는 없잖아). 당신은 이 나라로부터 나간 적이 없었으니까. 이 도시를 떠나지 않았다는 점에서는 절름발이나 장님이나 그 외 다른 불구자도 당신에게 미치지 못할 거야. 그런데 지금 당신은 달아남으로써 당신의 약속을 저버리려 하고 있어.

소크라테스, 우리들의 충고를 들을 생각이라면 그러지 말게. 이 도시에서 탈출함으로써 당신 자신을 웃음거리로 만들지 말게."

- 출전 : 《소크라테스의 변명》, 황문수 옮김, 문예출판사, 1999

니코마코스 윤리학

학적 인식은 보편적이고 필연적인 존재들에 관한 판단이다. 또 논증의 결론들과 모든 학적 인식은 근본 전제 위에 서 있다(학적 인식은 이성에 바탕을 둔 이해를 포함하고 있으므로). 그렇다고 하면 학적 인식의 근본 전제를 인식하는 것은 학적 인식일 수도, 기술일 수도, 선의지일 수도 없다. 학적 인식은 논증될 수 있는 것이요, 기술이나 선의지는 가변적인 것들을 다루는 것이기 때문이다. 또한 근본 전제들은 철학적 지혜의 대상이 되는 것도 아니다. 철학자의 특징은 어떤 사물들에 관하여 논증을 할 수 있는 것이다. 그러므로 우리로 하여금 불변적인 것들 혹은 가변적인 것들에 관한 진리를 얻게 하며 절대로 잘못 생각하지 않게 하는 것이 학적 인식, 선의지, 철학적 지혜, 직관적 이성이라고 하면, 이 가운데 셋(학적 인식, 선의지, 철학적 지혜)은 그 어느 것도 그런 것일 수 없으므로, 결국 근본 전제를 파악하는 것은 직관적 이성밖에 없다.

(…중략…)

지혜는 분명히 온갖 학적 인식 가운데 가장 완성된 것이라 하겠다. 따라서 지혜로운 사람은 근본 전제로부터 도출된 것을 알 뿐만 아니라 근본 전제 자체에 관한 진리를 파악하고 있어야 한다. 따라서 지혜는 직관적 이성과 학적 인식이 합쳐진 것이라 할 수 있다. 그리고 여기서의 학적 인식은 가장 고귀한 것들에 관한 적당한 완결 부분을 가진다.

여기서 지혜는 "가장 고귀한 것들에 관한" 것이고, 정치의 기술이나 선의지는 최선의 인식으로 보기 어렵다. 인간이 우주에서 최선의 존재가 되는 것은 아니니 말이다. 가령 '건강한 것' 혹은 '좋은 것'은 인간과 물고기에게 각각 다르지만, '흰 것'이나 '직선적인 것'은 둘에게 언제나 동일하다고 하면 지혜가 다루는 것은 누구에게나 언제나 동일한 것이요, 선의지가 다루는 것은 시시로 변하는 것이다. 자기 자신에 관해서 시시로 변하는 여러 가지 것을 잘 관찰하는 사람을 선의지가 있는 사람이라고 하며, 이런 사람에게 여러 가지 일들이 맡겨지니 말이다.

이런 까닭에 우리는 하등 동물들조차 어떤 것들은 선의지가 있다고 본다. 즉 자기 자신의 생명에 관해서 앞을 내다보는 능력을 가진 하등 동물에게는 선의지를 가지고 있다고 보는 것이다.

(…중략…)

지금까지 말한 것 중 분명한 것은 철학적 지혜란 본성상 가장 고귀한 것들에 관한 직관적 이성이 결부된 학적 인식이라는 것이다. 이런 까닭에 우리는 아낙사고라스나 탈레스, 그리고 이와 비슷한 사람들이 자신의 이익에 관해서 무지한 것을 보고서, 그들은 철학적 지혜는 가졌으나 선의지가 없다고 한다. 또한 그들이 놀랍고 훌륭하고 어렵고 신적이기는 하나 쓸데없는 것들을 알고 있다고 말하기도 한다. 그들이 추구하는 것이 인간적인 선이 아니라는 이유에서.

이와 반대로 선의지는 '인간적인 것들', '거기에 관해서 사랑하는 것이 가능한 것들'에 관계한다. 왜냐하면 무엇보다도 잘 사랑한다는 것이 선의지가 있는 사람의 특징일 터인데, 아무도 불변하는 것들이나 목적(행동에 의하여 실현시킬 수 있는 어떤 선) 없는 것들은 사랑하지 않으니 말이다. 무조건적으로 헤아려 생각하는 것에 능한 사람이란 행동으로 달성할 수 있는 것들 가운데서 인간에게 가장 좋은 것에 생각이 미치는 사람이다.

또 선의지는 보편적인 것들에만 관계하는 것이 아니다. 때문에 개별적인 것들도 알아보지 않으면 안 된다. 간혹 그것은 실천적인데, 실천은 개별적인 것들에 관여하기 때문이다. 간혹 지식 없는 사람들이 지식 있는 사람들보다 더 실천에 능한 것은 이 때문이다. 이것은 경험이 있는 사람인 경우에 특히 더 그렇다. 가령 가벼운 고기가 소화에 좋고 건강에 좋다는 것은 알지만 어떤 종류의 고기가 가벼운가를 알지 못하면 그 사람은 건강을 생각할 수 없다. 오히려 어린 날짐승의 고기가 건강에 좋다는 것을 알고 있는 사람이 더 건강하기 마련이다.

선의지는 행동에 관계한다. 그러므로 선의지는 보편적인 방면과 개별적인 방면을 다 포함하는 것이로되 후자에 더 치중하는 것이다. 단, 철학적 지혜와 마찬가지로 선의지에 있어서도 총기획적인 것이 있지 않으면 안 된다.

(…중략…)

정신의 여러 성질의 효용이 무엇인가 하는 데 대해서는 여러 가지 난제가 제기될 수도 있다.

첫째, 철학적 지혜는 인간을 행복하게 해주는 것들을 성찰하는 것이 아니다(그것은 어떤 종류의 생성에도 관심을 두지 않는다). 선의지는 이것을 그 특색으로 하고 있기는 하나, 도대체 무엇 때문에 이것이 필요할까? 선의지는 인간에게 옳고 아름답고 좋은 것들과 관계하게 하는 정신의 성질이다. 선의지를 행하는 것이 좋은 사람의 표준이요 덕이 좋은 사람의 성격의 상태라고 할진대, 이것들을 안다고 해서 곧 그것을 행하는 경향이 조금이라도 증가하는 것은 아니다. 이것은 마치 건강하고 건전한 것들(이런 것들을 만들어낸다는 의미에서가 아니라 그러한 상태에 기초를 두고 있다는 의미에서의 그런 것들)의 경우와 같다. 예컨대 우리가 의술이나 체육을 알고 있다고 해서 반드시 그 실천적 경향이 증가하는 것은 아니다.

둘째, 그런데 만일 우리가 선의지는 도덕적 진리를 추구하기 위한 것이 아니라 좋은 사람이 되기 위한 것이라고 말한다면, 이미 좋은 사람에게는 선의지가 소용없을 것이다. 또 그것은 선의지를 가지고 있지 않은 사람들에게도 마찬가지이다. 왜냐하면 선의지를 자기 자신이 가지는 것과 그것을 가진 다른 사람의 말에 순종하는 것은 결국 마찬가지 일이요, 또 우리로서는 건강에 관계되는 경우에 우리가 하는 것처럼 하면 충분하기 때문이다. 즉 우리가 건강해지기를 원하면서도 의술을 배우지는 않는 것처럼 말이다.

셋째, 이 밖에 선의지는 철학적 지혜보다 못한 것인데도 그것을 지배한다고 하면 이상한 일이라 생각되지 않을 수 없다. 사실 무엇인가를 만드는 기술은 만들어지는 것에 대해서 지배하고 명령을 발한다.

이리하여 우리는 이것들을 논하지 않으면 안 된다. 여기까지는 다만 난제가 어디에 있는지를 밝힌 것뿐이다.

첫째로, 이러한 상태들은 각기 정신의 어떤 부분의 덕이기 때문에, 그것들이 아무것도 만들어내지 않는다 하더라도 그 자체가 바람직한 것임을 말해주기로 하자.

둘째로, 이것들은 무엇인가를 만들어낸다. 단, 의술이 건강을 만들어내듯 무엇을 만들어내는 것은 아니고, 오히려 건강이 건강을 만들어내듯 무엇인가를 만들어내는 것이다. 이런 식으로 철학적 지혜는 행복을 산출한다. 왜냐하면 전체 덕의 일부인 그것을 마음의 상태로서 소유하고, 또 활동시키면 사람을 행복하게 해주기 때문이다.

셋째로, 무슨 일이든지 선의지와 도덕적인 덕을 따를 때 성취되는 법이다. 왜냐하면 덕은 우리에게 올바른 목적을 목표로 삼게 하고, 선의지는 우리가 올바른 수단을 사용하도록 하기 때문이다. 정신의 자양적 부분에는 이런 덕이 없다. 왜냐하면 자기 마음대로 하거나, 하지 않거나 할 수 있는 부분이 전혀 없기 때문이다.

넷째로, 우리에게 선의지가 있다고 해서 고귀하고 옳은 일을 더 잘할 수 있다는 뜻은 아니라는 데 대해서는, 좀 더 근본적으로 돌아가 다음과 같은 원리에서부터 출발하지 않으면 안 된다.

어떤 사람이 옳은 일을 한다고 해서 우리가 그 사람을 반드시 옳은 사람이라고는 하지 않는다. 가령 법이 명하는 것을 생각 없이, 혹은 무식해서, 또 혹은 다른 어떤 이유로 행하지만, 그 행위 자체를 추구하여 행하지 않는 경우에 우리는 그를 옳은 사람이라 하지 않는다(물론 그들이 마땅히 해야 할 일, 선한 사람이 으레 해야 할 일을 하고 있대도 말이다). 이와 마찬가지로 선한 사람이 되는 데는 여러 가지 행위들을 함에 있어 어떤 조건이 필요하다. 다시 말하면 선택의 결과로, 그 행위 자체 때문에 행해야 한다. 그런데 덕은 선택을 올바르게 하도록 하는 것일 뿐, 선택을 수행하기 위해서 할 일이 무엇인가 하는 문제는 덕의 영역이 아니라 다른 능력의 영역에 속한다. 우리는 여기에 주의를 집중시켜 좀 더 명료하게 말하지 않으면 안 된다.

사람들이 '영리'라고 부르는 능력이 있다. 이것은 우리가 우리

앞에 세워놓은 목표로 향하는 일들을 잘하고, 또 그 목표에 잘 도달할 수 있게 하는 능력이다. 그런데 만일 그 목표가 고귀한 것이면 그때의 영리함은 칭찬할 만하지만, 그 목표가 나쁜 것이면 그때의 영리함은 한갓 간지(奸智)일 따름이다. 때문에 우리는 선의지가 있는 사람들을 혹은 영리하다고 하고, 혹은 간지가 있다고 하는 것이다. 선의지가 바로 이 능력은 아니지만, 이 능력 없이는 존립할 수 없다.

그리고 이 정신의 눈이 선의지라고 하는 뚜렷한 상태를 획득하는 데는, 이미 말한 바와 같이, 또한 명백한 바이지만, 덕의 도움이 있어야만 한다. 왜냐하면 무엇을 행해야 할 것인가를 다루는 추론은 "목적, 즉 최고선은 이러이러한 성질의 것이기 때문에"라고 하는 것을 출발점으로 삼는 법인데, 이것은 선한 사람에게밖에는 명백하지 않기 때문이다. 사악한 마음은 우리를 도착시키고, 우리로 하여금 행동의 출발점에서 기만당하게 한다. 그러므로 선한 사람이 되지 않고서 선의지가 있는 사람이 되기란 불가능함이 분명하다.

따라서 우리는 다시 한 번 덕을 고찰하지 않으면 안 된다. 덕의 경우에도 선의지와 영리 같은(동일하지는 않지만 비슷한) 관계가 있으니 말이다. 즉 본성적인 덕과 엄격한 의미에 있어서의 덕의 관계가 그러하다.

모든 사람은 갖가지 윤리적 성품을 본성상 어느 정도는 가지고 있는 듯하다. 우리는 나면서부터 올바르며, 절제할 줄 알며, 혹은 용감하며, 또 혹은 이 밖의 다른 도덕적 성질을 가지고 있다. 그러나 우리는 이와는 다른 어떤 것을, 엄격한 의미에서 좋은 것으로서 추구한다. 우리는 그러한 여러 가지 성질을 본성적인 것과는 다른 방식으로 갖출 것을 추구한다. 왜냐하면 아이들이나 짐승은 다 같이 이러한 본성적인 상태들을 가지고 있는데, 이성이 없으면 이것들은 분명히 유해하기 때문이다.

어떻든 이것만은 분명하다. 시력 없이 움직이는 강한 신체는 시력이 없는 탓에 넘어져도 세게 넘어지는 것과 마찬가지로, 이성의 여러 가지 성질과 상태로 말미암아 길을 잃어버리는 경우도 있는 반면, 일단 이성을 획득하면 행동에 차이가 생긴다. 이렇게 되면 그의 상태는 여전히 그전과 같은 상태이기는 하나, 엄격한 의미에서의 덕의 상태도 될 것이다. 그러므로 정신의 억견적 부분에 영리함과 선의지가 있듯이, 도덕적 부분에도 본성적인 덕과 엄밀한 의미에 있어서의 덕이 다 있다. 그리고 이 중 후자는 선의지 없이는 생기지 않는다.

이런 까닭에 어떤 이는 모든 덕은 결국 선의지라고 하며, 소크라테스가 탐구한 것은 일면에서는 옳고 다른 일면에서는 잘못되었다고 한다. 즉 모든 덕이 선의지라고 생각한 것은 잘못이고, 선의지 없이는 덕이 존립하지 못한다고 한 것은 지당한 말이라는 것이다. 오늘날 누구든 덕을 정의할 때면 성품의 상태와 그 영역을 지적하고 나서는 그 상태가 "올바른 이치를 따른" 것임을 부언한다는 사실에 의해서도 확증된다. 그런데 올바른 이치란 선의지를 따르는 이치이다. 그러므로 모든 사람은 대체로 이런 상태, 즉 선의지를 따른 상태가 덕임을 알아보고 있는 듯하다.

그러나 우리는 좀 더 깊이 추궁하지 않으면 안 된다. 덕은 올바른 이치를 따른 상태일뿐더러 올바른 이치를 머금고 있는 상태이기도

한 까닭이다. 그리고 이런 것들에 대한 올바른 이치가 다름 아닌 선의지이다. 소크라테스는 모든 덕은 이치 내지 합리적 원리라고 생각했는데(그에게 있어서는 모든 덕이 결국 학적 인식이었으니까), 이에 반하여 우리는 덕이 이치를 머금고 있는 것이라고 생각한다.

지금까지 말한 것으로 미루어볼 때 선의지 없이는 엄격한 의미에서 선한 사람이 될 수 없고, 도덕적인 덕 없이는 선의지 있는 사람일 수 없음이 분명하다. 이러한 맥락에서 우리는 모든 덕은 제각기 떨어져서 존립한다고 변증하는 사람의 논의에 대해서도 반박이 가능하다. 그의 논의의 근거는 이러하다.

"동일인이 모든 덕에 대해서 탁월한 소질을 가지고 있을 수 없고, 따라서 한 가지 덕은 가지고 있으나 또 다른 덕은 아직 가지고 있지 않을 수도 있다."

이것은 본성적인 덕의 경우에는 가능한 일이다. 그러나 무조건적인 의미에서 좋은 사람이라고 불릴 수 있게 해주는 덕의 경우에는 불가능한 일이다. 왜냐하면 선의지 하나만 있으면 모든 덕이 따라서 존립하기 때문이다. 그리고 선의지가 설사 실천적인 것이 못 된다 하더라도, 그것은 여기서 우리가 문제 삼고 있는 정신의 덕인 까닭에 우리에게 없어서는 안 됨이 분명하다. 또 선택은 덕이 없으면 올바를 수 없고, 선의지가 없어도 올바를 수 없다는 것이 분명하다. 전자는 목적을 결정하고, 후자는 우리로 하여금 목적을 실현시켜주는 일들을 하게 하기 때문이다.

그러나 선의지는 철학적 지혜를 지배하지 못한다. 선의지는 정신의 우월한 부분을 지배하지 않는다. 그것은 의술이 건강보다 우월하지 않은 것과 꼭 같은 사정이다. 선의지는 철학적 지혜를 사용하는 것이 아니라 그것이 생기게끔 하는 것이다. 선의지는 또 철학적 지혜를 위하여 명령하는 것이지 지혜에 대하여 명령하는 것이 아니다. 더 나아가 선의지가 철학적 지혜보다 우위에 있다고 주장하는 것은, 정치가 국가의 모든 일에 명령을 발하기 때문에 신들을 다스리기도 한다고 말하는 것과 다름없는 의미일 것이다.

(…중략…)

그런데 다음과 같은 것이 문제될 수 있다. 옳은 판단을 한 사람이 자제력 없이 행동하는 경우는 어찌된 일이냐고. 이에 대해 어떤 사람은 이렇게 주장한다.

"인식 있는 사람이 그런 행동을 한다는 것은 있을 수 없는 일이다. 인식이 어떤 사람 속에 있는데, 다른 어떤 것이 그것을 지배하고 마치 노예처럼 이리저리 끌고 다닌다는 것은 이상한 일이니까 말이다."

이것이 소크라테스의 생각이다. 소크라테스는 자제력이 없는 것은 결코 있을 수 없다며, 인식이 다른 어떤 것에 지배되어 이리저리 끌려 다닌다는 견해에 전적으로 반대했다. 그는 주장하기를, 누구든지 그 자신이 최선이라고 판단한 것에 반대되는 행위는 하지 않는다고 하였다. 즉 사람은 오직 무지 때문에 그런 행위를 한다고 하였다.

하지만 이 견해는 세상 사람들의 생각과는 아주 다른 것임이 분명하다. 그리고 우리는 정욕이 무지로 말미암은 것이라면, 도대체 이 무지란 것이 어떤 모양의 무지인가에 관해 탐구하지 않으면 안 된다. 자제력 없이 행동하는 사람이라도 정욕에 빠지기 전에 그런 행위를 해야겠다고는 생각하지 않기 때문이다.

그런데 소크라테스의 주장 가운데 일부는 동의하지만 다른 어떤 부분에 대해서는 동의하지 않는 사람들이 더러 있다. 이 사람들은 인식보다 강력한 것은 없다고 하는 데 동의하나, 아무도 자기에게 좋게 여겨지는 것에 반하는 행동을 하지는 않는다고 하는 데 대해서는 동의하지 않는다. 사람들은 말하기를, 자제력 없는 사람이 여러 가지 쾌락에 지배될 때에는 인식이 아니라 억견을 가지고 있는 것이라고 한다. 만일 그것이 억견이고 인식이 아니라고 하면, 만일 쾌락에 저항하는 것이(마치 이럴까 저럴까 주저하고 있는 사람들처럼) 강한 신념이 아니고 약한 신념이라고 한다면, 그런 신념으로 강한 욕정을 이겨내지 못하는 사람들을 동정하는 것이다. 하지만 우리는 악덕에 대해서나, 또 그 밖의 다른 어떤 비난할 만한 일에 대해서 동정하지 않는다.

그러면 쾌락에 저항하여 그것에 지배되는 것은 선의지인가? 선의지는 모든 상태 가운데 강력한 것이니까. 그러나 이것은 이치에 닿지 않는다. 왜냐하면 만일 그렇다고 하면 동일인이 선의지가 있는 동시에 자제력이 없겠으나, 아무도 선의지가 있는 사람이 가장 추악한 일을 일부러 한다고는 말하지 않기 때문이다. 더군다나 앞에서도 밝혔듯이, 선의지가 있는 사람은 실천하는 사람이요(그는 개별적인 것들에 관계하는 사람이므로) 다른 덕도 가지고 있는 사람이다.

또 만일 자제할 줄 아는 사람에게 강하고 나쁜 욕정이 있다면, 절제된 사람은 자제할 줄 아는 사람이 아닐 것이요, 자제할 줄 아는 사람은 절제된 사람이 아닐 것이다. 왜냐하면 절제된 사람에게는 지나

친 점이나 나쁜 욕정이란 게 없기 때문이다. 그러나 자제할 줄 아는 사람일지라도 그런 욕정들이 없을 수 없다. 왜냐하면 만약 욕정이 유용한 것이면 그 욕정을 따르는 것을 방해하는 성격의 상태가 나쁜 것이므로, 자제가 반드시 좋은 것은 아닐 수도 있기 때문이다. 한편 그 욕정이 약하고 나쁘지 않은 것이라면 그것에 저항한다고 해서 훌륭하다고 찬탄할 것도 전혀 없다. 그것들이 나쁘지만 약한 경우에도 그것들에 저항한다고 해서 대단스러울 것은 없다.

더 나아가 만일 자제력이 사람으로 하여금 어떤 억견이든지 모두 받아들이게끔 한다면, 가령 그것이 그릇된 억견마저 받아들이게 한다면 그것은 좋지 못한 것이다. 반면, 자제력 없음이 어떤 억견이든지 모두 버리게 하기 쉽다면 "훌륭한 자제력 없음" 같은 것도 가능할 것이다.

또 소피스트적인 궤변이 난문을 제기한다. 사실 소피스트들은 상대방의 견해로부터 여러 가지 역설적 결과를 이끌어내는 추론을 전개하고 이에 성공함으로써 사람들의 찬양을 받는데, 바로 그 추론이 우리를 곤경에 빠트린다(도출된 결론에는 만족할 수 없으니까 거기에 머물러 있고 싶지는 않은데, 그 논의를 논파하지 못하여 전진할 수도 없는 경우에는 사유가 꼼짝 못하고 옭아매이기 때문이다).

이런 논의에서 나오는 주장 가운데 자제력 없음과 짝한 사려 없음은 덕이라고 하는 주장이 있다. 자제력이 없는 사람은 좋다고 생각하는 것에 반대되는 일을 하는데, 그는(사려가 없기 때문에) 좋은 것을 나쁜 일이라서 해서는 안 될 일이라고 생각한다. 따라서 그는 좋은 일은 하되 나쁜 일은 하지 않을 것이라는 주장이다.

또 확신하는 바 있어서 쾌락을 행하고 추구하며 선택하는 사람은, 헤아려 살핀 결과로서가 아니라 자제력이 없는 탓에 그렇게 하는 사람보다 낫다고 볼 수 있다. 왜냐하면 전자는 마음을 돌이킬 수 있으므로 오히려 그 잘못을 고치기가 후자보다 쉽기 때문이다. 자제력이 없는 사람에게는 "물에 빠져 질식한 사람에게 무엇을 더 마시게 할 수 있단 말인가?"라는 속담을 적용할 수 있다. 만일 자기가 하는 일이 옳다고 확신한다면, 그 마음을 돌이키도록 설복되었을 때 그는 그 일을 하지 않을 것이다. 그러나 자제력이 없는 사람은 아주 다른 일을 하도록 설복되었음에도 불구하고 여전히 그 일을 할 것이다.
　만일 자제력 없음이 어떤 일이든 모든 일에 관계되는 것이라면, 무조건적인 의미에서 자제력이 없는 사람은 도대체 어떤 사람인가? 누구도 모든 면에서 자제력이 없지는 않을 터인데, 우리는 어떤 사람이 무조건적인 의미에서 자제력이 없다고 말한다.

－출전 : 《니코마코스 윤리학》 개정판, 최명관 옮김, 창, 2008

2부
사르트르와 리오타르의 지식인 논쟁

지식인이란 무엇인가?
지식인은 보편적인 주체의 역할을 할 수 있는가?

 vs

지식인이란 무엇인가?

박쌤ㅣ 오늘은 사르트르 선생과 리오타르 선생을 모시고 지식인에 대한 논쟁을 펼쳐보도록 하겠습니다. 두 분은 20세기는 물론이고 21세기인 지금까지 여러 분야에 걸쳐 인류에게 많은 영향을 주고 있습니다. 특히 사르트르 선생은 실천하는 지식인의 상징처럼 여겨지고 있습니다. 사회적인 억압, 전쟁 등 시대적 문제에서 비켜서지 않고 선두에 서서 이에 대한 해결을 촉구했죠. 동시에 오늘날 지식인이 처한 현실을 날카롭게 비판하며, 지식인의 역사적 역할에 대해 상당히 적극적인 입장을 표명했고요. 리오타르 선생은 포스트모더니즘의 선두 주자로 알려져 있습니다. 사회 전체를 하나의 이론적인 틀로 해명하려는 기존의 거대이론에 대해 부정적인 견해를 제시했으며, 지식인에 대해서도 상당히 회의적인 입장을 표명했습니다. 여러 차례 사르트르 선생의 지식인관을 비판하기도 했죠.

두 분은 서로 활동했던 시기가 약간 다르지만, 지식인 문제에 대해서는 치열한 논쟁점을 형성했습니다. 지식인 문제의 핵심적인 논쟁점은 다음과 같이 두 가지로 구분할 수 있습니다.

- 지식인이란 무엇인가?
- 지식인은 보편적인 주체의 역할을 할 수 있는가?

첫 번째 논쟁점은 지식인의 성격과 본질에 대한 이해를 묻는 것이며, 두 번째 논쟁점은 좀 더 실천적인 성격을 띱니다. 그래서 지식인은 역사적으로 어떤 역할을 해야 하는가, 만약 이제 지식인이 별다른 역할을 하지 않는다면 과거에 지식인이 했던 역할은 누가, 어떻게 수행하자는 것이냐 등의 논란이 두 번째 논쟁점에 포함될 수 있습니다.

먼저 지식인 논쟁에 임하는 두 분 선생의 기본적인 문제의식부터 들어보는 것이 순서일 것 같습니다. 특히 사르트르 선생은 오래전부터 한국의 독자들에게 아주 낯익은 분입니다. 《존재와 무》 같은 철학적인 서적은 아무래도 접한 사람이 드물겠지만, 오늘 논쟁의 텍스트에 해당하는 《지식인을 위한 변명》이라든가 까뮈와의 실존주의 논쟁을 다룬 《실존주의는 휴머니즘이다》, 대표적인 소설인 《구토》 등은 친숙한 편이지요.

이에 비해 리오타르 선생은 포스트모더니즘에 대한 관심이 확대된 최근에 와서야 《포스트모던의 조건》이라든가 《지식인의 종언》 같은 저작들이 소개되고, 이름이 알려지기 시작했습니다. 이 가운데 지식인 논쟁은 일부분에 해당하는 것임에도 두 분 선생이 이루어놓은 전체 작업의 큰 맥락과 밀접한 관련을 맺고 있습니다. 이와 관련하여 간략하게 각자의 기본적인 입장을 밝혀주셨으면 합니다.

사르트르 | 《지식인을 위한 변명》이라는 책의 제목이 저의 생각을 웅변적으로 보여주고 있지요. 현대 사회에서 지식인이 많은 문제를 안고 있는 것은 사실입니다. 그만큼 거센 비판에 직면해 있기도 하고요. 하지만 그렇다고 해서 지식인의 역할이 끝났다고 할 수는 없습니다. 오히려 사회가 복잡해지면 복잡해질수록 지식인의 역할은 더욱 강조되어야 합니다.

저의 문제의식은 실존주의와 관련하여 잘 알려져 있을 거라 생각합니다. 하지만 제 의도와는 무관하게 실존주의에 대한 오해가 많은 것 같습니다. 사회와 유리된 채 자기 내부의 실존적인 문제에만 몰두하는 것을 실존주의라고 생각하는 경우가 많거든요. 물론 저 역시 2차 세계대전을 전후해서 실존주의는 "마음속의 방공호"라고 한 적이 있습니다. 초기에는 어느 정도 도피적인 요소도 있었지요. 하지만 진정한 실존의 문제는 사회와의 교감에 기초해야 하고, 나아가서는 실천적인 성격을 띠는 것이어야 합니다. 지식인 문제도 마찬가지겠죠. 지식인 역시 사회적인 모순에서 자유로울 수 없습니다. 지식인은 그 안에서 자신의 한계를 극복하고자 실천적으로 노력하는 과정에서 탄생하는 존재이기 때문입니다.

오늘, 논쟁을 통해 이를 충분히 납득시켜보겠습니다.

리오타르 | 한국 독자들이 최근에 와서야 저에 대해 알게 된 것은 어찌 보면 당연합니다. 한국은 유럽에 비해 훨씬 뒤늦게까지 보편적이고 총체적인 세계관, 그리고 이에 근거한 실천에 의존하는 경향이 뚜렷했습니다. 기본적인 민주주의 절차조차 인정되지 않는 독재 정치가 오랫동안 지속되었으니까요. 그러다가 1980년대 후반을 거치면서 민주적인 절차가 정착되기 시작하고, 소련을 비롯한 동구 사회주의권의 몰락을 경험한 후에야 사회 전체를 하나의 이론으로 이해하는 것이 현실과 유리된 태도라는 문제의식을 형성했던 것 같습니다.

지식인 문제도 이와 같은 맥락에서 이해해야 합니다. 과거의 지식인상은 다분히 사회 전체에 대한 명확한 이해에 기초한 것으로서, 대중의 선두에 서서 새로운 사회를 선도해나가는 선구자였습니다. 그러나 이제 이러한 지식인은 더 이상 설 자리가 없습니다. 사회 자체가 한 덩어리로 인식될 수 없는데, 개인이나 어떤 집단에게 보편적인 역할을 기대하는 것 자체가 난센스일 테니까요. 오늘 논쟁에서 사르트르 선생과는 아마 이 지점에서 충돌이 생길 것 같습니다.

박쌤 | 지식인에 대한 개념부터 정리하는 것이 필요할 것 같습니다. 잘 알려져 있는 것처럼 집합명사로서의 '지식인'이라는 단어는 19세기 말 프랑스에서 일어났던 드레퓌스 사건의 진행 과정에서 등장했다고 볼 수 있습니다. 물론 이 단어가 출현하기 전에도 이러한 특성을 가진 개인이나 집단은 존재했죠. 근대 초의 서구 계몽주의자들

가운데서 이러한 인물들을 발견하는 것은 어렵지 않습니다. 뿐만 아니라 19세기 중엽에는 폴란드와 러시아에서 '인텔리겐치아'라는 단어와 이 단어로 지칭되는 사회 집단이 출현하기도 했습니다. 그렇지만 지식인 집단에 관한 본격적인 이론적 논의는 드레퓌스 사건 이후인 20세기 초반에야 시작되었지요.

사르트르 | 일반적으로 자본을 가진 사람을 자본가라고 하듯이, 지식을 가진 사람을 지식인으로 규정하는 경향이 있습니다. 하지만 이런 식의 규정은 불충분하고 더 나아가서는 부적절합니다. 지식인의 개념은 이렇게 정태적인 것이 아닌, 역사적이고 실천적인 것이기 때문입니다.

흔히 지식인이라고 하면 교수, 교사, 언론인, 작가, 법조인, 의사, 과학자 등을 지칭합니다. 하지만 이런 식의 접근은 직업을 구분하는 것일 뿐 지식인의 성격을 설명해주지 못하는 한계가 있습니다. 이들 중 상당수는 이른바 실용적 지식의 전문가로 보아야 할 것입니다. 자기가 속해 있는 직업 영역에서 전문화, 분업화된 역할만 수행하는 사람들이라 할 수 있죠. 이들 전문 기술자는 생계를 위해 자신들의 생각이나 뜻과 다르더라도 지배 계급의 이익을 대변하는 방향으로 현실을 왜곡하고 정당화하는 경향이 있습니다. 되도록 자신의 생각은 감추고, 정치적 문제에 관심을 표명하지 않으려 하죠. 전문 기술자들의 이러한 태도는 자신들의 기능에 비추어볼 때 매우 바람직하지 못하며, 결코 지식인의 태도라고 볼 수 없죠.

지식인은 전문 기술자와는 다른 의미를 갖습니다. 지식인이라고

자신이 지배 계급의 하수인으로서
일하는 것을 과감히 거부할 때
참된 지식인이 되는 것입니다.

부를 수 있는 사람들은 자신들이 처한 위치와 자신들이 만들어내는 사상이 어떻게 지배 계급에 봉사하는지를 인식하고 그러한 자신들의 처지에 불만을 가지며, 스스로가 지배 계급에 기꺼이 복종하려는 태도를 보였다는 사실을 깨닫고 그것을 반성하며 지금까지 자신이 교육받아온 이데올로기 자체를 문제 삼을 때, 그리하여 자신이 지배 계급의 하수인으로서 일하는 것을 과감히 거부할 때, 바로 그때 전문 기술자인 실용적 지식의 공작요원에서 벗어나 참된 지식인이 되는 것입니다. 이제 그는 자신만의 안위를 위해 일하지 않고 사회와 민중을 위해 일하는, 그런 지식인이 되는 것입니다.

리오타르| 사르트르 선생은 다분히 우리가 희망하는 지식인상을 정한 다음, 이를 지식인 개념으로 정립한 것 같습니다. 하지만 이런 식의 접근은 몹시 곤란합니다. 엄밀하고 정확한 접근이 이루어지기 위해서는 희망이 아니라 현실에 기초해야만 합니다. 즉 현대 사회에서

지식인들이 존재하는 형식이나 양태를 사실 그대로 바라보아야 합니다. 현대 사회에서 지식인은 대체로 계획 입안자나 전문가와 같이 행정적, 경제적, 사회적, 문화적 영역에서 책임을 맡고 있거나 여기에 영향을 미칠 수 있는 사람들을 가리킵니다.

한편 사르트르 선생이 전문 기술자와 구분해 정해놓은 지식인은, 대체로 개별적인 이해관계나 전문적인 지식을 넘어서서 인류 혹은 국가나 국민을 위해 보편적인 가치를 추구하고 구현하고자 하는 사람들을 지칭하는 것 같습니다. 자신의 위치에서 전체 사회의 상황과 조건을 분석하고, 진보의 방향으로 나아가기 위해 우리가 무엇을 해야 하는지를 제시하며, 대중을 이끌어가는 책임을 안고 있는 사람들 말입니다. 이들은 일정하게 총체적인 이념을 가지고 일관된 행동을 하는 사람들입니다. 역사적으로 볼 때 사르트르 선생 자신을 포함하여 루소, 볼테르, 마르크스, 졸라 등이 여기에 해당하겠지요. 하지만 현대 사회에서 사르트르 선생이 설정한 이러한 의미의 지식인이 실제로 존재하는가에 대해서는 지극히 의심스럽습니다.

박쌤 | 지식인에 대한 논의가 추상적인 수준을 넘어서기 위해서는 조금 더 현실적인 분석이 필요할 것 같습니다. 두 분은 현대 사회에서 지식인의 현실이 어떠하다고 생각하시는지요? 물론 이에 대해서는 두 분만이 아니라 이미 많은 사람들이 여러 측면에서 지적을 하신 것으로 알고 있습니다.

에드워드 사이드는 《권력과 지성인》에서 오늘날의 지식인들은 안전한 소득을 갖고 있으며, 교실 밖의 세계를 다루는 데에는 전혀 관심이 없는 폐쇄적인 문학 교수와 매우 흡사한 모습을 보이고 있다고 했습니다. 그리고 이러한 유형의 지식인들은 사회 변동에 관련된 것보다는 주로 학문적 진보만을 의도하는 난해하고 비속하며 화려한 산문을 쓴다고 주장했습니다. 그는 오늘날 지식인이 당면한 가장 특별한 위협은 무엇보다도 이러한 전문 직업인으로서의 태도에 있다고 보았습니다. 나아가 이러한 지식인 문제를 냉전적 이념 분쟁이 종식된 후, 급속한 문화대중주의의 물결 속에서 거의 유일한 주적(主敵)으로 대두하고 있는 상업주의보다도 더 경계해야 할 대상으로 지목했습니다.

사르트르 | 저 역시 그런 지적들이 상당히 타당한 측면을 가지고 있다고 생각해요. 현대 사회에서 지식인들은 사회적인 실천과는 거리를 두고 연구실 안으로 숨어드는 경향이 두드러지게 나타나고 있습니다. 또한 자신들만 이해할 수 있는 난해한 언어로 사회 문제의 본질을 회피해버리곤 하죠. 진정한 의미에서의 지식인은 점점 사라지고 직업주의적인 의미에서의 전문 기술자가 판을 치고 있는 것이 현실입니다.

 이는 현대 사회의 중요한 특징이라 할 수 있는 분업과 상당한 연관성을 갖고 있는 것으로 보입니다. 분업에 의해 여러 그룹이 각기 다른 영역에서 다른 직책을 맡게 되었죠. 그 결과 전문적인 역할 하나하나는 부분적인 것으로 국한되고, 그 모든 것이 한데 합쳐져야 전체로서 하나의 행위를 이루게 되었습니다. 그러다 보니 어떻게 하면 각 전문 영역에서 필요로 하는 실용적인 지식 기술자들을 배출할 것인가에만 관심이 쏠리게 되었죠.

이들 전문 기술자에게 주어진 사회적 기능은 가능성의 영역에 대한 비판적 실험뿐입니다. 목적에 대한 평가나 그 실현은 대부분의 경우, 그들에게 상관없는 일이 되어버렸습니다. 목적은 이미 주어져 있습니다. 어떻게 하면 더 급격한 경제 성장을 이룰 것인가, 어떻게 하면 더 짧은 시간에 더 많은 일을 처리할 것인가, 어떻게 하면 소수가 최대한 많은 인원을 관리할 것인가, 어떻게 하면 과학기술을 더 발전시킬 것인가의 문제가 주어진 목적에 해당하지요. 전문 기술자들은 이를 효과적으로 이행하기 위한 수단, 즉 가능성에 대한 연구를 합니다.

이러한 과정을 통해 결국 지식인은 전문적인 영역에서 자신의 특수한 문제에만 매달리고, 지식인으로서 가져야 할 전체 사회의 보편적인 문제에 대해서는 눈을 감아버리는 현상이 나타나게 됩니다.

리오타르 | 기본적으로 지식인이 처한 현실에 대한 이해는, 저 또한 사르트르 선생과 크게 다르지 않습니다. 하지만 왜 그렇게 되었는지에 대한 분석과 대안은 선생과 다른 방향을 향하고 있죠. 오늘날 지식인들이 목적에 대한 고민은 하지 않고 가능성의 영역에서만, 즉 주어진 목적을 어떻게 효과적으로 이행할 것인가에만 매달리고 있다는 지적은 타당하다고 생각해요. 하지만 사르트르 선생이 '가능성'이라고 말한 것을 저는 '수행성'이라고 표현하고 싶습니다.

지식인으로 불리고 있는 사람들을 학교나 연구소에서 사회적으로 훈련시킬 때 그 목적은 그들의 역량 내에서 보편적 주체의 이념을 구현하기 위해서가 아니라, 최상의 수행성을 실현하기 위한 것이라고 봐야 합니다. 여기서 수행성은 최소의 투입으로 최대의 산출을 만들어내는 것, 즉 최대한의 효율성을 실현하는 것으로 규정됩니다. 때문에 왜 그렇게 해야 하는지, 그것이 옳은 것인지에 대한 고민은 하지 않은 채 재정과 시간상의 이득, 손실, 작동 결과에 따른 평가 등을 포함하는 넓은 의미에서의 기술적 기준에 해당하는 지식만을 축적하게 됩니다.

그 결과 더 이상 사르트르 선생이 말한 진정한 지식인은 현실에서 찾아볼 수 없게 되어버렸습니다. 때문에 레지 드브레가 "지식인! 그 역할과 이름에서 더 이상 무슨 의미를 찾을 수 있겠는가? 주위에서 조롱하는 사람들이 다른 이름을 찾아낼지도 모른다. 그러나 이 시대의 '지식인'만큼 조롱이 담긴 단어가 있을까? 이름은 중요한

지식인들이 목적에 대한 고민은 하지 않고, 주어진 목적을 어떻게 효과적으로 이행할 것인가에만 매달리고 있다는 지적은 타당해요.

것이 아니다. 그저 보통명사인 단어일 뿐이다. 시골길에 버려진 뱀의 허물처럼 하찮고, 새날이 밝았을 때 가을 소나기가 한바탕 쏟아진 후 길을 걸을 때 간혹 보게 되는 게으른 사람들의 그림자와도 같은 것이다."라고 지적한 것은 타당한 면이 있어요.

박쌤 | 제가 듣기에도 사르트르 선생과 리오타르 선생은 지식인이 전문 영역에 매몰되어 있다는 현실적인 문제에 대해서는 일단 비슷한 의견을 가지고 있는 듯합니다. 현대 지식인에 대해 문제 제기를 했던 많은 사상가들도 이에 대해서는 대체로 공통적인 비판을 하였습니다. 미셸 푸코도 그러한데, 그는 《지식인의 정치적 기능》에서 "오랫동안 지식인은 진리와 정의를 주관하는 자로서 발언하였으며, 그 권위를 인정받아왔다. 사람들은 보편적 진리의 대변인으로서 지식인에게 귀 기울였다. 지식인은 모든 사람의 의식과 양심의 지표로 간주되었다. 그러나 지식인은 이제 더 이상 이러한 역할을 하도록 요구받지 않는다. 지식인은 '보편', '모범', '모든 이들을 위한 진리와 정의' 의 자격으로서가 아니라, 그들의 직업적인 근로 조건 또는 삶의 조건이 처한 구체적인 장에서 일하는 것에 익숙해졌다."라고 하니까요.

하지만 그럼에도 불구하고 두 분은 아주 다른 결론을 내리고 있다는 점이 무척 흥미로운데요. 사르트르 선생은 전문 기술자 집단에서 결국은 진정한 지식인이 형성될 수 있다는 희망적인 견해를 피력했고, 리오타르 선생은 전문 기술자 집단이 처한 상태가 그대로 유지됨으로써 진정한 의미의 지식인은 이제 사라져버렸다고 단언하셨죠. 이러한 차이를 규명해내기 위해서도, 그럼 왜 지식인이 이러한 상태에 빠지게 되었는가를 먼저 진단해야 할 것 같습니다. 사르트르 선생은 앞에서 전문 기술자들이 보편적인 성격을 상실하게 된 원인을 분업에서 찾았는데요. 이를 좀 더 구체적으로, 특히 우리 독자들을 위해서 친절하게 설명해주셨으면 합니다.

사르트르| 그게 좋을 것 같군요. 전문 기술자는 자기 기만을 통해 보편을 특수의 예속 하에 둡니다. 그럼으로써 지배 계층의 이데올로기를 받아들이게 되는 것이죠. 전문 기술자는 또 자기 검열을 행하여 스스로 정치에 무관심한 불가지론자가 됩니다. 역시 말이 좀 어렵나요? 박쌤 주문대로 무슨 얘긴지 좀 더 상세하게 설명해보죠.

보통 지식인이라고 할 수 있는 직업은 제가 앞에서 언급했던 교수, 교사, 언론인, 작가, 법조인, 의사, 과학자 등입니다. 이들은 자신이 속한 영역에서 제한적이고 부분적인 업무와 연구를 담당하지요. 교수만 하더라도 문과, 이과를 불문하고 아주 세부적인 전공 분야로 나누어져 있습니다. 경제학을 전공하는 교수는 대체로 지극히 미시적인 영역에서 경제학적인 지식을 사용합니다. 그 결과 정치, 사회, 문화 등 사회 제반 영역과의 연관성, 더 나아가서는 보편적인 전체성을 상실하게 되죠. 하나의 전공 분야 내에서도 동일한 현상이 일어납니다.

생물학 교수를 예로 들어봅시다. 생물학 내에도 유전학, 동물형태학, 식물형태학 등 다양한 세부 영역이 있어서 대부분의 생물학자들은 이 가운데 어느 하나의 영역에 속하게 됩니다. 연구 논문 작업도 그 세부적인 영역에서 이루어지고요. 그러다 보니 전체 학문이나 사회와의 연관성은커녕 생물학이라는 영역 내에서조차도 특정 분야에 매몰되는 현상이 발생하죠. 그런 점에서 '특수의 틀' 안에 갇히는 경향이 있다고 할 수 있습니다.

더 나아가서는 전문 기술자들이 속한 곳이 직업과 맞물려 있다는 점에서 직업적인 이해관계와도 깊은 연관을 갖게 됩니다. 전문 기술자들은 자신의 전문 지식을 팔아 생계를 꾸려나가는 사람들입니다. 그런데 누가 이들에게 월급을 주나요? 교수의 경우 공립대학은 정부가, 사립대학은 대체로 기업이 맡고 있는 재단에서 월급을 줍니다. 교사는 공무원 신분이니 정부가 지급하겠고요. 언론인은? 국영방송은 정부에서 주고, 민간방송이나 신문사는 그 자체가 기업이니 기업에서 지급합니다. 판사와 검사는 정부, 로펌에 속해 있는 변호사는 기업에 의존합니다. 각종 연구원들도 마찬가지입니다. 연구소는 대체로 정부기관 산하 연구소이거나 기업 연구소이기 마련이잖아요. 결국 전문 기술자들을 먹여 살리는 곳은 정부 아니면 기업입니다. 사실 상식적으로 생각해봐도 정부나 기업 말고 전문 기술자를 고용할 개인이나 집단은 찾아보기 어렵죠.

이러한 조건에서 지식인의 이중성이 생겨납니다. 한편으로는 그 사회 내에서 누구보다도 빨리 많은 정보를 입수할 수 있다는 점에서, 보편적인 주체로서의 역할, 즉 비판적인 지식인으로서의 역할을 부여받습니다. 하지만 다른 한편으로는 직업적인 이해관계에서 자신을 먹여 살리는, 즉 자신을 고용한 곳에 봉사하는 역할을 부여받습니다. 그런데 일반적으로 비판적인 역할을 한다고 할 때 그 대상은 정부나 기업입니다. 보통은 사회적인 강자를 비판하니까요. 상식적으로 생각해봐도 사회적 약자를 대상으로 지식인이 비판적인 역할을 하는 것은 아니니까요. 노동자의 부패 때문에 문제가 많다거나, 빈민들의 부정 때문에 나라가 망하게 생겼다라고는 얘기하지 않잖아요. 하지만 비판의 대상인 정부나 기업이 자신을 고용한 주체일 때 지식인은 동요할 수밖에 없고 이중적인 태도를 취하게 됩니다. 그리고 대부분의 경우, 자신의 직업적인 이해, 즉 특수의 영역에 보편적인 역할을 예속시킵니다.

이 과정에서 자기 기만이 동원되곤 하지요. 학문적인 순수성이니, 정치적인 중립이니 하는 말들을 동원하기 시작하죠. 제가 앞에서 자기 검열을 행하여 스스로 정치에 무관심한 불가지론자가 된다고 말한 것도 이에 근거합니다. 보편적인 역할을 포기한 사람들을 어떻게 진정한 지식인이라고 할 수 있겠습니까? "이들은 지식인이 아니다."라고 자신 있게 말할 수 있습니다.

하지만 중요한 것은 이들 전문 기술자들을 그저 구제 불능 집단으로 치부해서는 안 된다는 점입니다. 이들의 현실에 문제가 있다고 해서 이제 진정한 지식인은 없고 앞으로도 없을 것이라고 보는 것은 지독한 단견입니다. 지식인이 이들의 외부에서 나타나는 것은 아닙니다. 마치 하늘에서 새로운 무언가가 뚝 떨어지듯이 지식인이 만들어지는 것은 아닐 테니까요. 평소에는 이렇게 비겁해 보이고 모순에 가득 차 보이는 전문 기술자 집단에서, 바로 그 모순 때문에 지식인의 맹아가 자라납니다.

리오타르 | 저 역시 원칙적으로 지식인이 담당하는 임무들이 서로 분리되어 있다는 것, 그리고 오늘날 직업들이 서로 분리되어 있다는 것에서 전문 기술자들의 문제가 생겨난다고 봅니다.

그런데 사르트르 선생과 저는 현대의 분업 상황과 분업이 갖는 규정적인 힘에 대해 다르게 이해하고 있는 듯합니다. 사르트르 선생은 지식인을 둘러싸고 있는 분업의 조건들이 문제를 만들어내기는 하지만, 이를 어느 정도 극복 가능한 것으로 보고 있는 것 같습니다. 그러니 특수한 분야에서 일하는 전문 기술자들 가운데서 보편적인 역할을 하는 진정한 지식인이 생겨날 수 있다고 생각하겠죠. 하지만 이는 분업의 위력을 지나치게 낮게 평가하고 있는 것입니다. 분업은 피할 수 없는 현실이고 이제 지식인은 이 늪에서 헤어날 수 없는 존재가 되어버렸습니다.

사르트르 선생이 경험한 분업이란 노동에 있어서 생산직과 사무직 혹은 연구 영역에 있어서 전공의 분화 정도였던 것 같습니다. 하지만 탈산업 사회로 일컬어지는 현대 사회로 오면서는 과거에는 상상할 수 없었던 수많은 직업이 생겨나고, 학문 역시도 훨씬 다양한 분야로 나뉘어가고 있습니다. 많은 사람들이 느끼고 있듯이 정보화 사회로 가면서 얼마나 많은 변화들이 생겨나고 있습니까? 과거에 비해 분업과 사회적인 분화가 갖는 영향력은 훨씬 더 엄청남을 알 수 있습니다.

전문 기술자들은 이러한 현실 조건에 전반적으로 갇혀 있습니다. 확장된 분업의 조건들이 마치 그물처럼 더 촘촘하게, 더 강하게 전문 기술자들을 옭아매고 있습니다. 사르트르 선생은 전문 기술자에게서 특수한 이해관계를 넘어서 보편적인 역할을 하는 지식인이 나올 수 있다고 여기지만, 이는 불가능한 얘기입니다. 이 조건을 벗어나서는 전문 기술자가 생존할 수 없는 상황에 처해 있기 때문입니다. 고전적인 의미의 지식인이 나타날 수 있는 조건은 사라져버렸습니다. 사르트르 선생의 지식인관은 이러한 점을 간과하고 있다는 점에서 문제가 있습니다.

박쌤| 세밀하게 들여다보면 두 분이 현실을 바라보는 시각은 결국 다르네요. 지적 노동에 있어서의 분업이나 사회적인 분화에 주목하지만, 그 규정력이나 주체적인 노력에 따른 변화 가능성에 대해서는 서로 상이한 분석과 판단을 하고 있는 것 같습니다. 이후의 논쟁은 이와 연관된 내용을 심화시키는 방향으로 이루어져야 할 것 같네요.

또한 지식인이 처한 현실과 여기서 나타나는 문제점, 그리고 원인을 진단하는 과정에서 '지식인의 역할 문제'와의 접점이 자연스럽게 형성된 것 같습니다. 지금까지는 지식인의 성격과 지식인이 처한 현실에 대한 이해를 중심으로 논의를 했습니다만, 이후에는 과연 리오타르 선생이 고전적인 지식인상이라고 말했던, 보편적인 주체로서의 역할을 과연 오늘날의 지식인이 할 수 있는가에 대한 논의로 나아가야 할 것 같습니다. 그리고 그 과정에서 현실 진단에 대한 미진한 부분을 더 심화시키고 보완해나가는 것이 바람직할 것입니다.

지 식 넓 히 기 1

지식인 논쟁의 의미와 배경

왜 지식인 논쟁인가

"과연 지식인은 존재하는가?" 하는 탄식의 목소리가 높다. 인류의 보편적인 문제에 대해 전망을 제시하고 이를 실천적으로 견인해나가는 지식인이 사라졌다는 의미로 지식인의 죽음을 말하는 사람들이 많아지고 있는 것이다.

프랑스의 지식인 레지 드브레는 《지식인의 종말》에서 오늘날 지식인들은 지적인 성실성과 실천에 있어서 진정성을 상실하고, 대중적 명망을 추구하는 일에만 몰두하고 있다고 비판한다. 그는 "2000년대의 사람들에게 가장 가치 있는 것은 무엇일까?"라고 질문한다. 답은 대중매체이다. 사람들은 텔레비전에 얼굴을 비치고, 남에게 비밀을 털어놓게 만들고, 텔레비전이나 라디오의 인기 순위에 이름을 올리는 것을 가치 있는 일로 여긴다. 사실

레지 드브레의 《지식인의 종말》

여론 민주주의를 표방하는 시대에 다른 사람의 생각보다 더 중요한 것이 무엇이겠는가? 여론의 향배를 결정하고 여론의 동향을 발표하는 수단을 지닌 사람들이 아니라면 누가 그들에게 명성을 안겨줄 수 있겠는가? 드브레는 방송국과 언론에서 쫓겨난 대중적 인물은 살아 있는 시체, 즉 1400년대에 주교에게 성체배령을 거부당한 선량한 기독교인처럼 존재의 고뇌에 싸인 채 생명을 연명해야 하는 사람이 되어버린다고 했다. 그렇기에 지식인들은 자신의 가치를 결정하는 척도가 되어버린 대중매체에 이름을 올리기 위해 경쟁하고 있다는 것이다.

또한 지식인들이 보이는 행동의 양태만이 아니라 지식의 내용에서도 여러 가지 문제가 지적된다. 한국도 예외가 아니다. 한국에서 지식인 문제에 대해 가장 왕성한 발언을 하고 있는 한완상은 《지식인과 허위의식》에서 "한국 지식인들은 허위의식을 폭로하지 못하는 데서 오는 양심의 압박에서 해방되기 위해 몇 가지 교묘한 방식을 개발한다는 점에 주목할 필요가 있다. 첫째, 애매모호한 표현을 즐겨 사용한다. 그 표현은 강자층의 허위의식의 핵심에 가까워질수록 더욱 애매모호해진다. 둘째, 글을 어렵게 쓴다. 굳이 어렵게 씀으로써 현학적 자만심도 채울 수 있기 때문에 보신책과 자만심을 만족시킬 수 있는 이중의 효과가 있다. 셋째, 외국 학자나 지식인의 언어와 업적을 열심히 인용한다. 자기가 하고 싶은 얘기와 비슷한 말을 이미 발표한 외국인을 앞세워서 자기 발언과 비판에 대해서 책임지지 않으려고 한다."라고 질타한 바 있다.

지식인 논쟁은 오늘날 지식인이 서 있는 현주소를 정확히 확인하고 '지식인의 종말'이 제기되는 원인을 찾아나가는 과정이다. 이를 통해 지식인의 본질적인 성격을 분명히 하고, 지식인이 보편적인 주체로서의 역할을 할 수 있는지, 지식인과 사회 혹은 지식인과 대중은 어떤 관계를 맺어야 하는지를 모색해나갈 수 있다.

지식인 논쟁의 시작과 전개 과정

역사적 배경

지식인의 역할에 대한 논쟁은 지식인이라는 전문적인 역할이 생겨나면서부터 시작되었다고 봐야 할 것이다. 고대 그리스 시대에도 지식인의 역할을 둘러싼 논의는 있었다. 플라톤의 《국가》를 보면 소크라테스가 지식의 종류를 분류하는 대목이 나온다. 그는 지식을 부분적인 지식과 전체적인 지식으로 나누었다. 전자는 목재 용구들에 대한 지식, 즉 어떻게 하면 이것들을 가장 훌륭하게 활용할 수 있을지를 분별하고 숙고하는 목수들의 지식이나 청동으로 만든 물건에 관한 대장장이들의 지식, 흙에서 나는 생산물에 관한 농부들의 지식 등으로 규정된다.

후자, 즉 전체적인 지식과 관련하여 소크라테스는 나라 전체에 대한 지식의 중요성을 강조한다. 그가 보기에 부분적인 지식은 많은 사람들이 갖고 있지만, "나라의 어떤 부분에 관련해서가 아니라 이 나라 전체와 관련해서 어떻게 하면 이 나라가 자기 자신을, 그리고 다른 나라들을 가장 훌륭하게 다룰 수 있을지를 분별하고 숙고하는 그런 지식"은 나라의 "수호(守護)와 관련한 지식"이며 이러한 지식을 가진 사람들은 어떤 분야의 전문가로 부를 수 있는 사람들 가운데 아주 소수에 해당한다고 주장한다. 플라톤이 지식인들에 의한 철인 통치를 주장하게 된 배경은 이렇듯 "나라 전체와 관련된 지식을 가진 존재는 소수에 국한된다."는 전제에 기초하고 있다.

지식인이란 무엇이며, 어떤 사람들을 지식인이라 부를 수 있는지, 그들의 역할이 무엇인지에 대한 나름대로의 규정이라 할 수 있다. 하지만 당시에 민주정치를 주장하던 사람들은 다수의 개인들이 나라의 문제를 결정할 수 있는 지식을 가지고 있다고 간주하고, 이에 기초한 대중의 판단과 결정을 가장 핵심적인 것으로 여겼다. 어찌 보면 고대 그리스 사회에서 벌어진 것을 지식 논쟁이라고 부를 수도 있겠다.

하지만 서양에서 지식인의 존재와 역할에 대한 논의는 시민혁명을 전후한 시기부터 본격적으로 전개되었다고 보아야 한다. 서양의 중세는 신학의 지배로 인해 인간 이성에 기초한 지식이 부차적인 것으로 전락하였다. 인간 이성은 종교개혁과 르네상스를 거치면서 독립적인 지위를 인정받고, 사회변혁에 있어서 지식과 지식인의 역할이 강조되기 시작한다. 또한 이 시기에 이르러 지식인이 하나의 전문 직업으로 등장하고, 이들의 작업이 대중에게 직접적인 영향력을 행사하기 시작한다. 봉건제의 자체 모순 등 사회경제적인 변화가 근대 시민혁명의 중요한 배경이 되었지만, 다른 한편으로는 개인에 기초한 새로운 사회를 건설해야 한다고 주장했던 로크와 루소 같은 지식인들의 영향력도 부정할 수 없다.

특히 프랑스의 드레퓌스 사건(1894~1906)은 지식인의 사회적인 역할에 대한 각성을 불러일으키는 계기가 되었다. 부유한 유대인 출신의 군인인 드레퓌스 대위는 독일에 군사기밀을 팔아넘긴 죄로 체포되어 종신형을 선고받았다. 그가 범죄 사실을 부인하고 재판 절차는 불충분한 증거만으로 진행되었으며 가족들도 끈질기게 그의 무죄를 주장했지만, 악의적인 반(反)유대주의파가 주도했던 여론과 언론은 평결과 선고를 환영하며 드레퓌스를 불충한 유대인의 상징으로 만드는 일에 혈안이 되어 있었다.

이에 프랑스의 대표적인 지성이었던 소설가 에밀 졸라가 〈나는 고발한다〉라는 공개서한을 통해 마녀사냥을 비판한 것을 계기로, 프랑스 지식인들이 재심을 요구하는 운동을 본격적으로 추진한다. 이는 프랑스 국민을 둘로 갈라놓았다. 민족주의자와 독재주의자 들

드레퓌스 사건을 담은 그림들

은 드레퓌스의 유죄를 강조했고, 드레퓌스의 무죄를 주장하는 측은 국가안보 논리에 종속되어버린 개인의 자유의 원칙을 수호하고자 했다. 결국 1906년 드레퓌스는 상고법원의 판결을 통해 무죄가 입증되었고, 의회는 드레퓌스 복권에 대한 의안을 통과시켰다.

이후 드레퓌스 사건은 국가의 부정의에 저항하는 지식인의 상징이 되었으며, 전 세계 지식인들의 각성을 불러일으키는 계기가 되었다.

또한 20세기 벽두에 세계를 뒤흔든 러시아 사회주의 혁명과 제국주의로부터 독립하기 위해 전개한 민족해방운동 등에서 지식인의 역할이 두드러지게 나타났다. 레닌을 비롯한 지식인들이 러시아 혁명에서 보여준 전위적인 역할에 대한 자각과 실천은 전 세계 지식인들에게 영향을 미친다. 식민지 국가들의 독립운동은 러시아 혁명의 세례를 받으면서 한층 더 활성화되었다. 이 과정에서 지식인의 선구적인 역할이 주목을 받았다.

2차 세계대전을 거치면서 대부분의 국가에서 영토적, 군사적인 의미의 식민지 지배가 막을 내린 이후에는 개발독재에 저항하면서 민주화를 지향하는 움직임이 일어난다. 이 과정에서도 지식인들은 억압적인 국가 체제에 맞서는 민주화 운동의 선봉 역할을 수행한다. 하지만 서유럽의 경우, 1968년 프랑스 68혁명을 분기점으로 지식인의 역할에 대한 회의적인 시각이 대두된다. 대중이 역사의 전면에 활발하게 나서기 시작한 데 비해 지식인은 전통적인 사고에 머무는 경향이 강하게 나타났기 때문이다. 그리고 이와 함께 본격적인 지식인 논쟁이 전개되기 시작한다.

이론적 배경

사르트르와 그람시 같은 근대적 지식인론자들은 지식인이 사회주의 혁명과 우리 시대의 보편 계급인 프롤레타리아에 이바지해야 하며, 그것을 위해 먼저 대중을 지도해야 한다고 보았다. 그러나 이러한 근대적 지식인론은 1968년 변혁운동으로 정당성의 위기를 맞는다. 68혁명은 새로운 사회운동, 즉 정치 권력을 획득하지 않은 채 세계를 근본적으로 변화시키고자 하는 사회운동이 분출한 것이었다. 하지만 기존의 지식인들은 전통적인 정당이나 노동조합의 틀 내에서 대안을 모색할 것을 고집하면서 대중적인 움직임과 괴리를 보였다.

이와 관련하여 사르트르는 1970년 한 인터뷰에서 과거의 관념으로 68혁명을 파악하려 했던 지식인 집단의 오류를 지적했다. 그리고 새로운 사명을 위해 대중이 현실에서 무엇을 원하고 있는가를 구체적으로 파악하는 데 지식인의 역할이 중요하다고 강조함으로써 전통적인 의미에서의 지식인의 역할을 계속 기대하였다.

그러나 미셸 푸코는 68혁명을 분석하면서 대중이 지식을 획득하는 데 있어 더 이상 지식인을 필요로 하지 않는다고 지적했다. 또한 지식인 스스로가 이러한 점을 인식하고 자신의 역할을 제한적으로 설정해야 한다고 주장하였다.

푸코는 무엇보다도 역사적인 현실이 이제는 대중이 자신들의 대변자로서 지식인을 필요로 하지 않게 되었다는 점을 강조하였다. 그에 따르면 대중은 지식인보다 더 정확하게 사태를 파악할 수 있을 뿐 아니라 자신들의 뜻을 잘 표현할 능력도 갖고 있다. 더 나아가서 현대의 지식인은 권력 체제에 편입되어 그들의 대리인 역할을 하는 측면이 강해졌다. 그러므로 전통적인 지식인 역할에 대한 기대는 이제 설 자리가 없어졌다. 자신이 속한 영역에서 부분적인 역할을 하는 것 정도가 지식인에게 남겨진 몫이라는 것이다. 푸코는 이를 '특수적 지식인'이라는 개념을 통해 설명하였다. 오늘날의 지식인은 자신의 삶의 조건 혹은 노동 조건에 의해 둘러싸인 바로 그 지점에서 활동하는 지식인으로 파악되어야 한다는 것이다.

그렇다고 해서 특수 분야에서의 지식인 역할이 의미가 크지 않다거나 비중이 작다는 뜻은 아니다. 권력이라는 개념이 이제는 과거처럼 국가 권력에 한정되는 것이 아니라 사회의 각 영역에 나뉘어 있기 때문에 각 영역에서의 역할 역시 중요 기능으로 인정되어야 한다는 점은 푸코도 동의한다.

탈근대론자인 리오타르는 푸코를 넘어서서 지식인의 역할에 전반적인 회의를 표명했다. 리오타르는 이제 지식인의 시대는 끝났다고 공언했다. 그는 지식인의 역할 자체를 부인한다. 그에 따르면 68혁명은 수많은 대중이 어떠한 지식인의 허락도 없이 자신들의 이야기를 말하고 듣고 행동하기 시작했음을 보여주는 것이었다. 그리하여 이제 지식인은 대중으로부터 지적인 권위를 인정받지 못하게 되었다. 결국 리오타르는 권력을 위해 보편성을 추구하는 근대적인 지식인 개념 자체를 거부했던 것이다.

고전적 지식인상을 비판한 대표적인 인물로 바우만도 빼놓을 수 없다. 그는 탈산업 사회, 탈자본주의 사회, 소비 사회 등으로 묘사되는 다원화되고 변화된 현대 사회에서 지식인의 의미는 사라질 수밖에 없다고 주장하였다. 보편적인 이론과 실천으로 사회를 변화시키는 것이 어려워진 현실에서 보편적인 지식인의 기능도 존재할 수 없다는 것이다. 이러한 점에서 그는 리오타르와 맥락을 같이한다.

바우만에 의하면 과거에 생산직 노동자가 점했던 사회적 비중을 소비자가 대체한 소비 사회에서는, 시장이 체계 통합의 유일한 기제로 작용함으로써 모든 종류의 체계 정당성이 시장의 기능에 복종하는 경향이 있다고 한다. 시장이 모든 것을 전반적으로 지배하는 상황에서는 고전적 지식인이 입법적 역할 수행자로서 할 일이 남아 있지 않다. 왜냐하면 지식인 역시 보통 사람들과 마찬가지로 시장의 힘을 통제할 수 있는 다른 어떤 능력도 갖고 있지 않기 때문이다. 뿐만 아니라 프롤레타리아 독재 개념과 같이 산업노동 계급에게 주어졌던 역사적 역할론이 현실사회주의의 몰락과 더불어 정당성을 잃고, 오늘날 신자유주의적 세계화로 인하여 산업노동자의 사회적 지위가 위축됨에 따라 노동자 계급을 역사적 대리인으로 설정했던 고전적 지식인상은 더욱더 설 자리를 잃게 되었다.

다만 바우만은 지식인의 대안적인 역할로서 해석자적 역할을 제시했다. 상이한 문화 전통이 공존하는 오늘날, 외국어와 타문화를 학습한 지식인은 문화 간의 갈등 문제를 가장 잘 해결할 수 있는 집단이기 때문이다. 따라서 상이한 문화 전통을 번역하는 '해석적 역할' 이야말로 이 시대가 지식인에게 요구하는 가장 중심적인 역할이라는 게 그의 주장이다.

이처럼 푸코, 리오타르, 바우만과 같은 탈근대 지식인론자들은 서구 사회의 변화와 사회적 상황을 주목하고 근대적 지식인론을 해체하는 한편, 새로운 대안을 모색했다는 점에서 공통점을 갖는다.

그들은 모두 현대의 변화된 지적, 사회적 상황에서는 '보편적인 역할을 하는 지식인'이라는 가정이 더 이상 적절하지 않으며, 과거 지식인들이 수행했던 역할을 점차 대중 스스로의 인식과 실천이 대신하고 있다고 보았다.

지식인은 보편적인 주체의 역할을 할 수 있는가?

박쌤ㅣ '지식인이 역사적으로 보편적인 주체일 수 있는가'에 대한 논의에 들어가기 전에, 먼저 사르트르 선생이 충분히 설명해주어야 할 것이 있습니다. 분명히 선생은 현대 사회에서 분업 때문에 지식인들이 전문 기술자로 전락했다고 하셨는데, 어떻게 이들에게서 다시 지식인이 생겨날 수 있다는 것인지 구체적인 설명을 부탁드립니다.

사르트르ㅣ 전문 기술자가 저절로 지식인이 되는 것은 아닙니다. 단서는 지식인의 이중성에 있습니다. 전문 기술자는 보편적 기술과 지배 이데올로기 사이에서 영원히 내적 투쟁을 하는 존재입니다. 그런 점에서 전문 기술자는 잠재적인 지식인이라 할 수 있습니다. 그럼 어떻게 전문 기술자에서 지식인으로의 변화가 가능할까요? 그것은 내부의 갈등을 제거할 만한 경험을 갖고 있는가에 달려 있습니다. 단순히 전문 기술자의 내적인 결단에 따라 이루어지는 것은 아니라는 말입니다. 그러한 변화를 이루어내는 요인들의 총체는 사회적 차원이라고 할 수 있습니다. 사회적 차원이란, 다르게 표현하면 사회의 모순을 말합니다. 격화된 사회적 모순이 전문 기술자들로 하여금 자신의 모순에 눈을 뜨도록 해주지요.

사회적인 모순, 예를 들어 빈부 격차나 정치적 억압 같은 문제들이 심화되면 될수록 지배 계층은 전문 기술자들을 자신들의 안정적 지배를 위한 도구로 사용하고자 하는 욕구를 강하게 갖게 됩니다. 지배 계층의 이해를 정당화해줄 이론이나 이데올로기를 전문 기술자들이 만들어내도록 하기 위해서지요. 이는 필연적으로 전문 기술자들이 관계하고 있는 학문의 본질을 훼손시킵니다. 그리고 그 정도가 점점 심해져서 전문 기술자들이 받아들일 수 없는 선까지 기술과 과학의 영역, 방법론의 자유로운 적용을 축소시켜버립니다. 여기서 전문 기술자들의 고민은 시작됩니다. 묵묵히 가르치는 일에 전념하고, 사실의 정립에 몰두하던 전문 기술자들이 이때까지 수동적으로 받아들였던 이데올로기에 대해 직업적 양심과 과학적 방법론의 이름으로 이의를 제기하게 되는 것입니다.

역사적으로 볼 때 이러한 예들은 많이 있습니다. 변혁운동이 일어났던 나라들에서 일반적으로 나타난 현상입니다. 가령 일상적인 시기에 대학교수의 직책을 가진 사람들은 상당히 보수적인 태도를 견지합니다. 정부에서 이들 전문 기술자들에게 안정된 생활을 보장

해주는 조건으로 체제에 순응하도록 요구했기 때문입니다. 하지만 정부나 지배 계급에 대한 민중의 저항이 거세지고 갈등이 고조되어 갈 때 교수를 비롯한 지식인들은 변혁에 참여하여 능동적인 역할을 담당합니다. 이때 비로소 전문 기술자들은 지식인으로 발전하게 되는 것입니다.

박쌤 | 경험적인 측면에서 볼 때 사르트르 선생의 논리가 사람들에게 설득력 있게 다가갈 수 있을 것 같습니다. 한국의 경우만 보더라도 일상적인 시기에는 매우 보수적이고 소극적인 태도를 보이던 교수와 언론인 들이 사회적인 갈등이 고조되면 개혁적인 흐름에 참여하고, 나아가서는 선두에 서서 적극적인 역할을 한 사례들이 많습니다. 4·19혁명 때도 그러했고, 1980년대 후반 6월 민주화 항쟁 때도 그러했죠. 하지만 리오타르 선생은 단호하게 "지식인은 더 이상 존재하지 않는다."고 쏘아붙이셨습니다. 보편적인 역할을 하는 지식인이 왜 존재할 수 없다고 단언하시는지요?

리오타르 | 사르트르 선생은 지식인을 사회 전체의 구조와 모순을 파악할 수 있는 존재, 전반적인 해결 방향을 제시할 수 있는 존재라고 전제한 다음 논리를 펼치고 있습니다. 때문에 사회 문제가 파악되고 실천 방향을 제시하고자 하는 동기만 부여되면, 보편적인 지식인으로 변신을 하는 것처럼 설명하고 있죠. 사회적인 모순의 폭발이 이러한 동기 역할을 할 수 있다고 하면서요.

그런데 선생의 접근에는 중요한 결함이 있습니다. 이 사회는 지식인들에게 그러한 것들을 요구하고 있지 않다는 점을 선생은 간과하고 있습니다. 오늘날 교육에 요구되는 것은 계몽된 시민 육성이 아니라, 앞에서도 설명했듯이 보다 수행성 있는 직업 교육입니다. 지식의 획득은 보다 좋은 수입을 보장하는 직업적인 자격을 부여할 뿐입니다. 선생은 전문 기술자들의 학문적인 양심에 기대를 걸고 있는 것 같은데, 이제 그러한 양심 따위는 대부분의 전문 기술자들에게서 사라져버렸습니다. 그들은 대중이 자신들의 견해를 어떻게 생각할 것인가에 대해 별로 관심이 없습니다.

만약 대중의 반응에 예민하게 신경을 썼다면 그토록 난해하고 어려운 개념과 문장을 동원해서 글을 쓰지는 않았겠죠. 학자만 그런 게 아닙니다. 예술가도 마찬가지입니다. 현대 예술을 한번 생각해보세요. 전위적인 음악이나 무용, 현대 미술은 일반 대중이 도저히 이해할 수 없는 방식으로 표현됩니다. 이에 대한 대중의 비난이 없었나요? 아니죠. 그동안 끊임없이 제기되었죠. 하지만 학자나 예술 분야의 전문가들은 대중의 비난을 철저히 무시했고, 오히려 점점 더 난해한 방향으로 나아가고 있습니다.

그런 점에서 이들의 수신자는 더 이상 대중이 아닙니다. 예술가, 작가 들의 공동체는 더욱 아닙니다. 솔직히 말해서, 그들은 누가 자신의 수신자인지 모릅니다. 그러므로 이제 더 이상 지식인은 존재하지 않습니다. 현실에 어떤 대중적인 메시지를 전달하고, 사회와 인간을 변화시킬 세계관을 제시하며, 대중적으로 설득할 수 있는 보편적 주체란 존재하지 않는다고 단언할 수 있습니다.

사르트르 | 그럼 선생은, 이제 개혁적인 운동은 필요 없다고 보나요? 이 사회는 여전히 수많은 모순과 문제점을 안고 있습니다. 그리고 그것은 과거에 비해 더 증가하고 있죠.

리오타르 | 제가 말하고자 하는 것은 이제 지식인이 그러한 역할을 할 수 없다는 점입니다. 그럼 과거에 지식인이 했던 역할을 누가 할 것인가 하는 의문이 생길 텐데, 이제는 그 역할을 대중이 스스로 할 것입니다.

박쌤 | 방금 리오타르 선생이 과거에 지식인이 했던 역할을 이제는 대중이 해나갈 것이라고 한 주장에 대해 사르트르 선생의 논박이 필요할 것 같습니다. 사르트르 선생은 이른바 근대적 지식인론자입니다. 지식인이 진보적인 사회 변화와 보편 계급인 노동자를 위해 이바지해야 하며, 이를 위해서 대중을 지도해야 한다고 보았죠.

그런데 프랑스 68혁명을 분기점으로 하여 근대적 지식인론은 정당성의 위기를 맞게 되었습니다. 독자들을 위해서 68혁명에 대한 간략한 소개가 필요하겠군요. 68혁명은 1968년 3월 파리 낭테르대학 학생들이 "여자 기숙사를 개방하라."고 학내 집회를 함으로써 시작되었습니다. 슬로건은 점차 남녀 평등과 여성 해방, 학교와 직장에서의 평등, 반전과 반핵 등 사회 전반의 문제로 확산되었죠. 학생과 연합한 노동자들이 총파업에 들어가면서 한 달 이상 국가 기능이 마비되기도 했습니다. 어쨌든 이를 계기로 성 개방, 반전 사상, 평등주의 사상, 환경보호운동 등이 전 세계적으로 활성화되었습니다.

1968년은 새로운 사회운동, 즉 정치 권력을 획득하지 않은 채 세계를 근본적으로 변화시키고자 하는 운동이 세계적으로 분출된 해였습니다. 당시 대다수 지식인들은 학생과 노동자 들의 자발적이고 자율적인 운동을 일종의 경거망동으로 몰아갔습니다. 1970년 사르트르 선생은 한 인터뷰에서 과거의 관념으로 68혁명을 파악하려 했던 지식인 집단의 오류를 지적했죠. 뿐만 아니라 전통적인 지식인 집단을 비판하고 1968년의 주역인 젊은 세대들에게 희망을 표명했습니다. 그럼에도 불구하고 선생은 새로운 사명을 위해 지식인이 대중의 요구를 구체적으로 파악하고 실천하는 것이 중요하다고, 지금도 강조하고 있습니다. 이는 선생 자신이 비판한 전통적 지식인 수준에 머물고 있음을 스스로 고백하고 있는 셈 아닌가요?

사르트르 | 분명히 68혁명 당시 지식인들은 대중의 자발적이고 창의적인 움직임에 그릇된 반응을 보였습니다. 그들은 고정관념에서 벗어나지 못한 채 학생과 노동자 들의 행동을 체계가 없고 전망도 불투명한 무정부주의적 맹동으로 보았지요. 개혁적인 대중운동이 오로지 자신들의 지도 하에서만 이루어질 수 있다는 오만함이 지식인들에게 자리 잡고 있었던 겁니다.

대중의 행동에 우선하여 지식인의 발언이나 행동이 있어야 한다고 보는 것은 잘못입니다. 분명히 68혁명은 대중이 지식인에 앞서서, 혹은 지식인과 무관하게 사회를 변화시키기 위한 움직임의 주체가 될 수 있음을 보여주었습니다. 하지만 그렇다고 해서 지식인의 보편적인 역할을 부정하는 것은 또 다른 역편향입니다. 대중과 지식인은 충분히 상호 보완적인 관계를 형성할 수 있고, 또 형성해야 합니다. 자발적이지만 아직 비체계적인 대중 행동에는 일정한 방향성과 정책적인 구체성이 필요합니다. 그런 역할을 맡으려는 지식인이 있다면 그것은 바람직하고 좋은 일 아닌가요?

리오타르 선생은 오늘날의 지식인에 대해 상당히 부정적인 입장을 피력하고 있는데요. 모순된 사회에서 태어난 지식인에게는 그 사회의 모순이 내재화되어 있으므로, 그들은 모순된 사회의 산물이자 증인이라 할 수 있습니다. 지식인은 역사적 산물입니다. 그러므로 어떤 사회도 사회 자체를 손상시키지 않고 지식인을 비난할 수는 없습니다. 지식인이 분업 체계에 속해 있는 것은 지식인 개개인의 잘못 때문이 아닙니다. 오히려 우리는 그러한 한계에도 불구하고 그들이 자신이 처해 있는 직업적 특수성과 보편적 역할 사이의 모순을 깨닫고, 특수로부터 출발하여 특수의 보편화를 지향하도록 촉구해야 하는 것 아닌가요?

우리가 러시아 혁명을 지도했던 레닌의 역할을 부정해야 하는가요? 68혁명 때만 지식인보다 먼저 대중의 자발적인 행동이 일어난 것은 아닙니다. 당시 러시아의 상황도 마찬가지였습니다. 차르 전제 체제에 대한 대중의 저항운동이 자발적으로 일어나고 있었습니다. 저항운동에 참여한 대중의 자발성은 그 자체로 높이 사야겠죠. 하지만 거기에는 한계가 많습니다. 목표와 방향, 변혁과 개혁에 이르는 과정에서 세부적인 문제를 해결하기 위한 보다 전문직이고 체계적인 지식이 필요합니다. 대중의 자발성과 지식인의 전문성이 결합될 때 역사의 진보는 더 빠르고 안전하게 이루어질 수 있지요. 이런 점

에서 지식인은 나름의 적극적이고 능동적인 역할, 보편적인 역할에 나서야 하고, 또 그것이 올바르기도 합니다. 왜 우리가 레닌과 같은 실천적인 지식인의 역할을 부정해야 하는 것인지, 저는 이해가 가지 않습니다.

리오타르 | 문제는 그렇게 하고 싶어도, 또 그렇게 하려고 해도 그럴 수 없다는 것이 오늘날의 현실이라는 점입니다. 학자적인 양심을 가지고 현실을 전반적으로 분석하고 보편적인 전망을 제시하려 해도, 현실은 이를 불가능하게 만든다는 데 근본적인 문제가 있습니다.

확실히 지난 1~2세기 동안 인류의 상상과 행동은 '인간해방'이라는 이념에 지배되었습니다. 이러한 이념은 18세기 말 계몽주의 철학과 프랑스 대혁명에서 형성되었다고 볼 수 있습니다. 사람들은 이성 능력을 기초로 한 교육을 통해 시민을 대대적으로 계몽하고, 무지와 빈곤, 전체주의로부터 인간을 구원할 수 있다는 신념을 갖고 있었죠. 레닌 역시 선두에 서서 그러한 역할을 수행한 지식인입니다. 저는 당시 그러한 실천적 지식인들이 역사에 기여한 바를 조금도 부정하지 않습니다.

하지만 문제는 '지금, 여기', 즉 우리가 현재 발을 딛고 있는 현대 사회가 전혀 다른 조건을 갖추고 있다는 것입니다. 지금 우리 시대의 가장 큰 특징은 일상적 삶에서, 즉 삶의 양식을 포함한 대부분의 영역에서 복잡성이 증가하고 있다는 점입니다. 19세기나 20세기 초와는 다르게 사회 전체적인 것은 물론이고 개인적인 삶의 영역 곳곳에서 수많은 요소들이 복잡하게 얽혀 있습니다. 때문에 한두 가지

이론으로 오늘날의 사회 현상을 설명하거나 대안을 제시하는 것은 불가능하게 되어버렸습니다. 인간의 이성만으로 지극히 복잡한 현실 세계를 이해하거나 거대담론을 가지고 설명하는 것이 불가능해졌다는 것은, 보편적인 이론과 전망을 제시하는 지식인의 역할도 사라졌다는 것을 의미합니다.

과거 지식인은 우리 사회를 총체적으로 분석하고 확고한 변혁이론을 통해 정치, 경제, 사회, 문화 등 전 영역에 걸친 변혁의 마스터플랜을 제시했었지요. 마르크스의 《자본론》과 그가 조직하고자 했던 노동자 조직, 혹은 레닌의 《제국주의론》과 그가 지도했던 볼셰비키가 그러한 역할을 했습니다. 마르크스가 외친 "만국의 노동자여, 단결하라!"라든가 레닌이 제기한 "제국주의 전쟁을 러시아의 내전으로!"라는 간결한 슬로건이 변혁운동을 이끄는 깃발 역할을 했습니다. 하지만 이제 간단하고 선명한 슬로건이나 거대담론만으로는 지극히 복잡해진 현대 사회를 이끌어나갈 수 없습니다.

따라서 이성을 통해 세계를 전체적으로 이해하고 변화시켜나간다는 의미에서의 근대적 주체는 역사적으로 소멸했다고 말할 수 있습니다. 보편적인 역할을 하는 지식인의 시대는 끝났다는 것입니다. 그러므로 이제 과제는 분명하게 한정됩니다. 인류의 보편적인 요구가 아니라, 직접적이고 현실적인 영역에서 인류가 복잡한 수단들에 적응할 수 있게 하는 것입니다. 지식인의 역할은 이렇게 특수한 영역에서 부분적이고 특수한 역할로 한정되어야 합니다.

박쌤 | 방금 리오타르 선생이 내보인 견해는, 복잡성의 강화로 인해

거대이론이나 근대적 주체가 소멸한 뒤 포스트모더니즘을 추구하는 현대 사회를 집약적으로 설명하고 있는 듯합니다. 하지만 이 또한 역사적이고 현실적인 근거와 구체적인 논증이 필요한 얘기인 것 같습니다. 과연 정치, 경제, 사회, 문화 등 인간 사회의 주요 영역들을 통합적으로 사고하는 거대이론은 불가능한 것인지, 그리고 이를 수행할 보편적인 주체는 정말 존재할 수 없는 것인지에 대해 근거를 들어서 좀 더 설명해주셨으면 합니다.

리오타르 | 전체적이고 통합적인 거대이론들이 설 자리를 잃었다는 것은 몇 가지 예만 보더라도 알 수 있습니다. 지난 50년 동안 그러한 거대이론들이 무효화되는 과정을 인간은 거듭 겪어왔거든요.

근대 이래로 우리 인류는 이성에 대한 확신을 가지고 있었습니다. 현실에 대한 과학적인 분석을 통해 이성을 확립하고, 또 그러한 이성을 통해 현실을 합리적으로 조직할 수 있다고 믿었습니다. 그것이 바로 계몽사상이지요. 하지만 600만 명에 이르는 유대인 학살이 자행된 '아우슈비츠'는 이성의 신화를 산산이 부숴버렸습니다. 과학기술의 발전, 근대적인 교통망, 체계적인 관료제 등과 같은 이성의 결과물들이, 그리고 최소한의 투여로 최대의 산출을 만들어내는 효율성의 원리가 어떻게 아우슈비츠의 대량 학살로 이어질 수 있는지를 확인했습니다. 과학기술의 발전은 생화학 무기라는 대량 살상 무기를, 근대적인 교통망은 전국에서 유대인들을 신속하게 실어 나르는 기능을, 촘촘한 관료제는 유대인을 한 사람도 놓치지 않고 관리, 감시하는 역할을, 효율성은 최소의 인력과 재원으로 최대의 인원을 살상하는 원리를 제공했죠. 이성이 어떻게 괴물로 변할 수 있는지, 인류는 두 눈으로 똑똑히 확인했습니다.

자본주의 사회의 모순과 병폐를 극복하기 위해 이성적으로 고안해낸 사회주의가 어떻게 노동자와 대중에게서 유리되어 억압적인 도구로 전락할 수 있는지도 확인했습니다. '1953년 베를린, 1956년 부다페스트, 1968년 체코슬로바키아, 1980년 폴란드'에서 일어난 대중운동은 억압적인 사회에 대한 저항이자 자유와 민주주의를 확대하기 위한 몸부림이었습니다. 하지만 소련과 관련 국가의 공산당은 자유와 민주주의를 확대하기는커녕 대중을 무력으로 진압했습니다. 이후 사회주의적인 대의도 설득력을 잃었습니다. 노동자의 현실은 노동자의 권력을 강조하는 사회주의 이론에 상치되었던 것이죠.

자본주의 사회의 자랑이었던 대의제 민주주의의 운명도 마찬가지였습니다. 대의제 민주주의가 '국민에 의한, 국민을 위한' 것이라는 믿음은, 앞에서 박쌤이 언급했던 68혁명에 의해 그 허구성이 낱낱이 드러났습니다. 68혁명은 대의제 민주주의 하에서도 개인의 일상적인 삶은 철저히 억압적일 수 있다는 것을 보여주었습니다.

거대경제이론도 마찬가지였죠. 지난 수백 년간 시장경제이론은 수요와 공급을 자유롭게 하는 것이 전반적인 번영을 약속하는 유일한 길이라고 주장했습니다. 하지만 1929년의 대공황은 수요와 공급이라는 '보이지 않는 손'이 얼마나 허망한 것인지, 물질적인 풍요는커녕 인간에게 얼마나 심각한 빈곤과 재앙을 가져다줄 수 있는지를 증명해주었습니다. 대공황에 대한 교훈으로 나타난 경제이론, 즉 생산 중심의 논리에서 수요의 창출을 중시하는 케인스 이론도 얼마 가지 못했습니다. 지난 수십 년간 주기적으로 반복된 경제 위기와 스태그플레이션은 '보이지 않는 손'에 의한 경제적 번영의 맹점을 여실히 보여주고 있습니다.

이렇듯 20세기 들어 인류가 만들어낸 거대이론들은 예외 없이 다 무너졌는데, 아직도 거대이론체계에 대한 미련을 버리지 못한다면 이것이야말로 무모하거나 미련한 것 아닌가요? 거대이론들은 이제 거의 믿을 수 없게 되어버렸습니다. 그러니 당연히 거대이론을 통해 자신의 존재 이유를 정당화했던 보편적 지식인이 설 자리도 사라졌다고 봐야 할 것입니다.

사르트르 | 리오타르 선생은 거대이론의 역할에 대해 잘못된 전제를 하고 있는 게 아닌가 싶습니다. 아까 선생이 저에 대해 비판하면서 제가 머릿속에 이상적인 지식인상을 만들어놓고, 이를 현실에 적용하려는 관념적인 태도를 가졌다고 이야기했었는데요. 리오타르 선생이야말로 스스로가 만들어놓은 거대이론에 대한 환상을 전제로 하여 그 환상이 실현되지 않았기 때문에 이제는 그 역할이 수명을 다했다고 관념적으로 접근하고 있는 게 아닌가 싶습니다.

애초에 거대이론이 '오류가 없다'는 것을 전제로 하지는 않지요. 시대적인 조건 속에서 탄생하는 것이 거대이론이고, 따라서 시대의 변화와 함께 새로운 이론적 모색을 해나가는 것이 당연하지 않을까요? 이론에 있어서 절대적인 보편성이란 존재할 수 없습니다. 그러한 한계를 전제로 하여 거대이론이 성립되었고 변화의 과정을 겪어

왔던 것입니다. 하지만 선생은 이론에 필연적으로 따르기 마련인 상대성과 한계를 마치 20세기에 새롭게 생겨난 것인 양 파악하며, 거대이론이 이제는 수명을 다했다고 사형 선고를 내리고 있습니다. 이것이야말로 지극히 관념적인 태도가 아닌가 싶네요.

이론과 실천 간의 문제도 마찬가지입니다. 마르크스나 레닌의 사회주의 이론과 역사적으로 실재했던 소련이나 동유럽의 사회주의 현실을 동일한 관계로 놓고 비교하거나 규정짓는 것은 이론과 실천에 대한 혼동을 보여주고 있는 게 아닌가요? 이론은 현실을 설명하는 도구이고 실천을 이끄는 나침반일 뿐입니다. 현실과 실천에서 이론의 한계가 드러났다고 해서 이론이 무효라고 선언하는 것은 성급한 판단이 아닐까요? 오히려 이론은 실천을 통해 끊임없이 검증받고, 어떤 경우에는 대대적으로 또 어떤 경우에는 부분적으로 수정을 해나가는 것이 옳지 않을까요?

박쌤 | 저는 좀 다른 측면에서 리오타르 선생에게 질문을 던지고 싶습니다. 선생이 말한 거대이론과 보편적 주체의 소멸을 일반론 차원에서 제기하는 논리 자체가 동전의 양면처럼 또 다른 보편적 사고의 오류를 보여주는 건 아닌가 하는 의문이 생깁니다. 다시 말해 선생의 의도와는 무관하게, 거대이론과 보편적 주체의 소멸이라는 포스트모더니즘 논리 자체가 보편적 이론, 즉 거대이론의 역할을 하고 있는 것은 아닐까요? 우리는 흔히 "포스트모던의 시대"라는 말을 듣습니다. 포스트모더니즘은 정치, 사회적인 영역에서만이 아니라 문화, 예술의 영역에서도 하나의 흐름을 형성하고 있습니다. 그리고

전 세계에 걸쳐 무차별적으로 적용되고 있고요. 선생은 서유럽이나 미국에 국한된 얘기라고 할지 모르지만, 포스트모더니즘은 이미 전 세계적인 거대이론의 역할을 하고 있습니다. 그 결과 이제 현대 사회에서는 각 사회의 특수성을 무시하고, 지식인의 보편적인 역할은 끝났다는 인식을 일반적인 흐름으로 만들어놓고 있습니다.

당장 제가 있는 한국만 해도 그렇습니다. 오랫동안 한국 사회의 주류 지식인상은 저항적 지식인이었습니다. "지식인은 우리 시대의 모든 갈등에 참여하지 않을 수 없다. 지식인은 억압당하는 자의 편에 설 수밖에 없다."는 사르트르의 역설은 1970~1980년대를 겪었던 사람들에게 강한 설득력을 가졌습니다. 그때는 저항운동에 참여하는 사람들로 하여금 스스로를 지식인이라 자각하게 하는 것이 사회와 현실로 나아가는 초대장이었던 셈입니다.

다른 나라의 빈곤을 희생으로 하여 세계의 부를 독차지하고 있는 소수의 선진 자본주의 국가에서는 사실상 사회변혁의 가능성이 거의 봉쇄되어 있습니다. 특히 막대한 부가 축적되어 있는 사회에서 살아가는 대중은, 부분적인 개선은 희망하지만 사회의 전면적인 변화에 대해서는 거부감을 갖는 경향이 있습니다. 지금 자신이 살고 있는 사회의 체제와 삶의 조건이 근본적으로 흔들리기를 바라지 않는 까닭이죠. 현재의 상태가 자신에게는 매우 유리하니까요.

하지만 대부분의 빈곤국가나 개발도상국 들은 여전히 변혁에 대한 열망과 함께 선두에 서서 이를 이끌어나가는 지식인의 역할을 기대하지 않을까요? 전 세계적으로 체 게바라에 대한 관심이 증폭되고 있는 것도 이와 무관하지는 않을 것입니다. 어느 나라를 가더라도 도시에는 체 게바라의 모습이 담긴 티셔츠를 입고 있는 학생과 청년 들이 많이 있습니다. 티셔츠만이 아니라 가방이나 배지 등에서도 심심치 않게 볼 수 있죠. 이를 단순히 장사꾼들이 혁명적 지식인을 상업화해서 생긴 현상으로만 치부할 수는 없을 겁니다. 그것은 "저는 예수처럼… 당하지만은 않을 것입니다…. 손에 힘이 있는 한 무기를 들고 끝까지 저항할 것입니다."라고 했던 체 게바라의 외침이 아직도 많은 사람들에게 희망의 메시지가 되고 있기 때문이 아닐까요? 1959년 쿠바혁명을 성공시킨 뒤, 아프리카 콩고와 남미 볼리비아 등지에서 게릴라 활동을 계속하다 전장에서 숨을 거둔 체 게바라의 삶이 선구적 지식인의 모범으로서 여전히 사람들에게 감동과 희망을 주고 있기 때문이 아닐까요?

물론 한국 사회는 다른 개발도상국들과는 좀 다른 양상을 띱니다. OECD 회원국이 되었을 정도로 상당한 부를 축적하였고, 1990년대를 거치면서 절차적인 민주주의도 일정하게 형성되면서 사회적인 변혁보다는 개인의 삶의 영역에 관심이 집중되고 있는 것 같습니다. 지식인에 대한 대중의 기대가 옅어지고 있는 것이 현실이고요. 한편 인터넷 공간을 중심으로 대중 스스로의 인식과 행동이 활성화되고 있기도 하죠. 하지만 양심적이고 실천적인 지식인에 대한 열망은 여전히 존재하고 있습니다.

그런 점에서 리오타르 선생의 논의는 막대한 부를 축적하고 절차적인 민주주의가 이미 상당히 정착된 미국이나 몇몇 나라에 한정될 수밖에 없는 것 아닌가 하는 의문이 듭니다.

리오타르 | 먼저 사르트르 선생의 반론에 대해 언급하자면, 제가 말하고자 하는 거대이론은 특정한 개별이론을 염두에 두고 있지 않습니다. 제가 말하고자 하는 거대이론은 마르크스 이론이나 케인스 이론 같은 특정 이론도 포함하지만, 더 나아가서 근대 이후 인류가 가지고 있던 근본적인 사고방식, 예컨대 이성과 계몽적 사고에 대한 확신, 과학기술에 대한 희망입니다. 그리고 그것들이 이제는 한계에 도달했음을 강조하는 것입니다. 과연 인간의 이성이 이 거대한 인간사회의 제 현상을 하나로 꿰어서 설명할 수 있을 만큼 신뢰할 만한 것일까요? 저는 이것이 가능한 것인 양 지식인들이 머릿속에 그린 그림에 현실을 꿰어 맞추려고 하는 과정에서, 현대 사회의 여러 가

지 문제가 생겨났다고 봅니다. 그리고 이제는 대중이 이에 대한 신뢰를 거두고, 스스로 판단하고 자신의 문제를 직접 해결하는 주체로 일어서고 있지요.

다음으로 저의 견해가 극소수 선진 자본주의 사회에서나 적용할 수 있는 것 아니냐는 반론이 있었는데, 분명히 출발은 그렇습니다. 고도로 분화된 선진 자본주의 사회에 대한 문제의식에서 출발했습니다. 하지만 정보화, 세계화라는 현대 사회의 현실적인 조건은 선진 자본주의 사회가 가지고 있는 특성을 일반화하는 역할을 하고 있습니다. 제가 말하는 것은 부가 일반화된다는 것이 아닙니다. 극히 빈곤한 나라, 극도로 폐쇄적인 몇몇 독재 국가를 제외하고는 상당수의 나라가 밀접한 관계를 맺으면서 고도로 분업화되고 복잡한 사회로 나아가고 있습니다. 정보화와 세계화가 이를 매우 빠르게 촉진시키고 있지요. 그렇기 때문에 거대이론과 보편적 주체의 소멸이 특정한 선진 자본주의 사회에서만이 아니라 세계적으로 점차 일반화되는 추세라고 봐야 합니다. 각 사회의 상황과 조건에 따라서 일정하게는 지식인의 역할이 서로 다른 양상을 띠면서 나타나겠지요. 하지만 전 세계적으로 확산되는, 부정할 수 없는 이러한 추세에 대해서도 진지하게 고민할 필요가 있습니다.

박쌤 | 이번에는 사르트르 선생께 질문을 하나 던지고 싶은데요. 지식인들이 부분적이고 특수한 자신의 영역에서 현실을 변화시키는 것이 더 중요할 수도 있지 않을까요? 오늘날에는 지식인이 대중을 앞서기보다 대중의 뒤를 좇아가는 현상이 종종 발생하곤 합니다. 제

가 살고 있는 한국 사회에도 이런 현상이 나타나고 있습니다. 미국과의 쇠고기 협상을 놓고 벌어진 '촛불 시위'를 대표적인 경우로 볼 수 있을 텐데요. 대중은 협상이 얼마나 불평등하게 이루어졌고, 광우병과 관련하여 어떤 문제가 발생할 수 있는지에 대해 전문가 못지않게 파악하고 문제 제기를 했습니다. 더 나아가서는 직접적인 실천 행동을 이끌어내기도 했죠. 기존의 지식인들이 전혀 상상하지 못했던 방식으로 창조적인 집회가 전개되었고, 또한 협상이 어느 방향으로 진행되어야 하는지에 대해서까지도 지식인들이 대중의 논의와 선택에 의존하는 경향을 보였죠. 그런 점에서, 지식인이 자연 발생적인 대중의 행동에 일정한 방향성을 제시하고 대안을 모색할 수 있도록 한다는 사르트르 선생의 주장은 현실에서 부정되고 있는 게 아닌가 하는 문제 제기가 가능합니다.

다른 한편으로 지식인들이 이미 전문 분야에 특정한 직업인으로 존재하는 현실을 고려할 때 전체적인 방향은 대중 스스로가 찾아나가고, 지식인은 자기 영역에서 전문적인 역할을 수행함으로써 이를 보완해야 한다는 주장이 있습니다. 푸코의 문제의식도 그 연장선상에 있는 것 같습니다. 그는 《지식인의 정치적 기능》에서 "지식인의 기능은 재정의될 필요가 있다. 오늘날의 '구체적' 지식인이 핵과학자, 유전공학자, 자료처리전문가, 약물학자 등의 신분으로서 싫든 좋든 받아들이지 않을 수 없는 정치적 책임이 증가함에 따라 그들의 역할 또한 더욱 중요해진다고 할 수 있다. 구체적 지식인이 특수 영역에서 맺게 되는 권력관계를 두고, 그것이 전문가들의 소관사일 뿐 일반 대중의 이해와는 무관하다는 구실 아래 그들을 정치적으로 과소평가하는 것은 아주 위험한 일이다."라고 했습니다.

권력은 이제 과거처럼 거대한 국가 권력 개념에 한정되지 않습니다. 가정, 학교, 공장, 군대, 혹은 과학자 집단 등 현대 사회에서 인간이 속한 세부적 영역들 하나하나가 권력의 기능을 한다고 볼 수 있습니다. 국가 권력이 거시 권력이라면 세부 영역에서 발생하는 권력은 일종의 '미시 권력'이라고 볼 수 있습니다. 전문화되고 분화된 사회 속에서 권력도 분화되었고, 지배 집단의 입장에서도 미시 권력을 통한 지배가 훨씬 효율적입니다. 그러므로 이제 사회를 바꾼다는 것은 과거처럼 국가 권력 자체를 바꾸기보다는 일상적 영역에 포진해 있는 미시 권력을 진보적인 방향으로 이끎으로써 실질적으로 바꾸어나가는 것을 의미한다고 보는 입장이지요.

지식인들은 스스로가 그러한 구체적인 영역에서 전문화된 형태로 존재하고 있기 때문에라도, 미시 권력 영역에서의 변화에 기여하는 방향으로 자신의 기능을 바꾸는 것이 필요하지 않을까요?

사르트르 | 글쎄요, 과연 그럴까요? 국가 권력의 지배 기능이 세부적인 영역으로 이전되거나 미시적인 영역을 통해 영향력을 발휘하고 있다고 볼 수 있을까요? 물론 사회의 분화와 함께 국가 기구가 자신의 촉수를 더 촘촘히 갖추고 생활 영역에까지 파고드는 현상이야 지속적으로 벌어지고 있습니다. 하지만 그것은 영향력의 확장을 위한 수단 정도로 봐야 합니다. 권력의 성격이나 본질이 바뀌고 있는 것은 전혀 아니라는 말입니다. 그러므로 여전히 사회 전체적인 변화의 방향을 제시하고 이를 실질적인 차원에서 계획적으로 준비해나가

는 과정이 필수적입니다.

지식인들이 구체적이고 특수한 자신의 영역에서만 활동하는 것이야말로 지배 집단이 가장 바라는 것입니다. 그 정도에서의 활동은 지배 세력에게 전혀 부담스러운 것이 아닐 테니까요. 부분적인 영역에서의 양보는 때에 따라 얼마든지 허용될 수 있는 것이기도 하고요. 그러나 이렇게 되면 부분적인 개량과 개선은 가능할지라도 사회의 본질적인 모순이나 문제를 근본적으로 해결하기는 어렵습니다.

그리고 리오타르 선생이나 푸코 선생은 대중이 이제 스스로 판단하고 방향을 잡아나간다고 생각하고 있는 듯한데, 그 문제에 대해서는 좀 더 신중한 접근이 필요하지 않을까요? 68혁명의 경험도 마찬가지라고 생각해요. 분명 문제를 제기하고 사회 전체적인 분노를 조직해내는 데 대중적인 판단과 흐름이 선구적인 역할을 한 것은 맞습니다. 하지만 그 이후 사태가 어떤 양상으로 흘렀나요? 새로운 방향을 설정하고 현실에서 구체적인 변화를 이끌어냈나요? 변혁의 '분위기'는 극대화되었지만 체계적인 변화의 방향이나 방법을 제시하지 못한 채 결국 열기는 잦아들고, 정치적으로도 드골 정권이 다시 강화되는 것으로 귀결되지 않았나요? 그리하여 오히려 사회 전체적으로 무력감이 확산되지 않았나요? 그 많은 사람들이 그토록 사회를 크게 흔들어댔는데도 현실에서 가시적인 변화가 별로 이루어지지 않았다고 판단될 때, 대중적으로 그리고 전 사회적으로 무력감이 찾아오게 됩니다.

저는 한국의 촛불 시위에 대해서도 신중한 판단이 필요하다고 생각해요. 대중이 스스로 모든 방향을 설정할 거라고 생각하는 순간, 68혁명 과정에서 겪었던 무력감을 되풀이할 수도 있을 거란 얘깁니다.

　대중의 직관과 분노는 중요하고, 역사적으로 볼 때도 사회 변화의 원동력이 되는 것은 분명하지만 그 한계까지 정확하게 꿰뚫는 통찰이 필요합니다. 지식인이 각 영역에서 구체적인 정책 대안을 제시하고 이를 실현시키기 위해 실천하는 것도 중요하겠지만, 한 사회에 총체적인 변화가 요구될 때 보편적 지식인으로서의 역할을 하는 것도 바람직한 일이고, 또한 지식인들에게 촉구되어야 할 일입니다. 지식인들이 대중에게 모든 것을 의존하려는 것은 자기 책임을 방기하는 일입니다.

리오타르 | 선생은 대중을 대상화시키고 있는 것 같습니다. 대중이 스스로 문제를 제기하고 사회 전체적인 분노를 조직하는 역할을 한다고는 했지만, 정작 중요한 문제에 있어서는 대중이 지식인의 지도를 받아야 한다고 여기는 것 아닌가요? 제가 푸코를 전적으로 동의하는 것은 아니지만, 푸코가 들뢰즈와의 대화에서 한 다음과 같은 주장은 충분히 경청할 만합니다.

　"68혁명에서 지식인은 대중이 더 이상 그들에게 지식을 구할 필요가 없다는 것을 발견했습니다. 대중은 환상 없이 아주 완벽하게 알고 있습니다. 대중은 지식인보다 더 잘 알고 있고, 스스로를 확실하게 표현할 수 있습니다. 그러나 이러한 담론과 지식을 막고, 금지하고, 무효화하는 권력 체계가 존재합니다. 지식인 자신들이 이러한 권력 체계의 행위자입니다. 지식인이 의식과 담론에 대한 책임을 진다는 생각이 체계의 일부를 형성합니다. 지식인의 역할은 집단성에 억눌린 진리를 표현하기 위해 자신을 '다소 앞에 그리고 옆에' 위치시키는 것이 더 이상 아닙니다. 오히려 지식, 진리, 의식, 담론의 영역에서 자신을 대상과 도구로 만드는 권력 형태들에 대항하여 투쟁하는 것입니다."

인간의 역사를 보더라도 지배 세력은 대중의 지식을 가치 없는 것으로 치부하고 이를 당연한 것으로 여기도록 조장했습니다. 특히 대중의 의식이 지배 세력에 저항하는 성격을 띨 때는 가차 없이 "대중의 판단은 맹목적인 것이어서 위험과 혼란을 초래하는 것"으로 여기도록 했습니다. 그리고 선두에 서서 이러한 역할을 했던 사람들이 바로 지식인이었습니다. 선생은 그런 사람들은 지식인이 아니라 전문 기술자라고 하겠지만, 표현이야 어쨌든 그 사람들이 그러한 행위를 한 것은 분명합니다. 오직 지식인 자신들만이 지식에 대해 유일하게 대표성을 가진 존재임을 부각시키려 했지요. 오늘날 지식인의 진정한 역할은 대중의 지식을 총체성, 전문성을 결여한 단편적인 그 무엇쯤으로 여기도록 만들어버리는 권력의 의도를 무너뜨리는 것에 초점을 맞춰야 하지 않나요?

물론 푸코는 아직 지식인에게 미련이 남아 있는 것 같습니다. 보편적 지식인의 기능은 이제 끝났다고 말하면서도 자신들이 속한 전문적 영역에 특수적 지식인이라는 기능을 남겨놓았으니까요. 저는 그마저도 별로 설득력이 없다고 생각합니다. 보편적인 영역이든, 특수한 영역이든 지식인의 시대는 끝났다고 봐야 합니다. 보편적 영역이냐, 특수한 영역이냐를 가리지 않고 무명의 대중이 어떠한 지식인의 허락도 없이 자신들의 이야기를 말하고, 듣고, 행동하고 있기 때문입니다.

박쌤 | 푸코나 리오타르 선생의 문제의식과 연관해서 최근에 '대중 지성' 혹은 '집단 지성'에 대한 논의가 활발하게 이루어지고 있습니다. 이것 역시 지식인의 몰락과 대중의 등장과 연관이 깊다고 할 수 있겠죠. 대중 지성은 지식인들이 과거에 가지고 있던 위계적, 엘리트적 사유로부터 벗어나 대중을 근원에 두는 새로운 지식 창출 및 향유 방식을 의미합니다. 이는 인터넷이 전 세계적으로 발달함에 따라 대중이 지식의 소비자이자 창조자로 부상하면서 더욱 활성화되고 있는 것 같습니다.

피에르 레비는《집단 지성》에서 지식과 지식의 움직임을 전문가라는 특권층에만 국한하는 것은 더 이상 불가능하다고 단언했습니다. 복잡하고 혼돈스러운 세상에서 인간 집단 전체가 더 잘살기 위해서는 적응하고 배우고 고민해야 한다는 것이죠. 그는 이를 위해 집단 지성에 주목할 필요가 있다고 했는데, 그에 따르면 집단 지성이란 어디에나 분포하며, 지속적으로 가치 부여되고, 실시간으로 조정되며, 역량을 실제적으로 동원할 수 있는 지성입니다.

특히 레비는 인터넷의 활성화가 집단 지성의 역할을 전면화한다고 보는 것 같습니다. 그는 "인터넷은 지리적 영토나 국가의 영토가 아니다. 그것은 인식, 지식, 사유의 힘으로 이루어진 보이지 않는 공간으로, 그 안에서 존재론적 자질 및 사교 방식들이 개화하고 이동한다. 그것은 권력의 기구 편성표도, 학문의 경계도, 상품의 통계도 아니다. 그것은 질적이고 역동적이며 살아 있는 공간으로, 자신의 세계를 만들면서 스스로를 창조해나가는 과정에 있는 인류의 공간이다."라고 하면서, 집단 지성이 과거 지식인들의 위계화된 지식을 대체해야 한다고 강조했습니다.

레비는 대중의 의식에 기초한 집단 지성은 철학적인 인식의 전환이라고 의미를 부여합니다. 그에 따르면 집단 지성은 소크라테스가 말한 "너 자신을 알라"를 "함께 사유할 수 있도록 우리 서로를 아는 법을 배우자"로 확장시키는 것이라고 합니다. 또한 데카르트가 제기한 "나는 생각한다, 고로 존재한다"를 일반화시켜 "우리는 생각한다, 고로 공동체로 존재한다"로 전환시키는 것이라고 합니다. 기존의 서양 철학에서 인식의 문제가 철저하게 개별 지식인에 초점을 맞추었다면 이제 대중에게 초점을 맞추어야 한다는 것입니다. 이에 대해 사르트르 선생은 어떻게 생각하시는지요?

사르트르 | 대중의 적극적인 역할을 제가 부정할 리 있겠습니까? 대중이 스스로 현실 문제를 자각하고 새로운 대안을 형성해나가는 데 능동적인 역할을 하는 것은 바람직하고 반드시 필요한 일입니다. 그러한 맥락에서 저 역시 지식인들이 앞에 서야 대중이 따라올 수 있다는 논리에 대해 전적으로 반대한다는 것을 앞에서도 강조한 바 있습니다. 오히려 사회적 모순에 맞서는 대중의 행동에 힘입어 전문 기술자에서 지식인으로의 변화가 추동되는 것으로 봐야겠지요. 그런 점에서 대중이 지식인을 일깨우는 역할을 하는 것은 맞습니다. 하지만 대중에 대한 우리의 바람과 현실을 구분하는 작업도 반드시 필요

합니다.

그런 점에서 리오타르 선생이나 '집단 지성'을 주장한 레비 선생, '대중 지성'을 주장한 네그리 선생이 사물의 한쪽만 보고 다른 한쪽은 간과하고 있는 게 아닌지 우려됩니다. 그리고 리오타르 선생이 간과한 다른 한쪽 면은 헤르베르트 마르쿠제가 더없이 잘 지적해주었다고 생각해요. 그는 《일차원적 인간》에서 다음과 같이 말합니다.

"현대 선진 산업 사회에서 인간은 현실의 모순을 타파하여 이상적인 현실을 창출하고자 하는 가능성의 차원을 상실하고, 단지 현실성의 차원으로 매몰되어버렸다. 객관적인 '사실'과 주관적인 '가치'라는 이분법적 시각으로만 세계를 이해하며, 검증 불가능을 이유로 '가치'의 중요성을 무시하는 실증주의적 태도를 견지함으로써 계몽적, 도구적 이성에 의한 비판과 부정의 필요성을 망각하고, 기존의 현실만을 옹호하며 그 체제에 순응하는 '일차원적 인간'으로 살아가게 된 것이다. 비판이 마비되고 반대를 찾아볼 수 없는 현실, 바로 '일차원적 사회'는 압도적인 효율성과 경제적 생활수준 향상이라는 조건 위에서 사회적 모순과 갈등을 희석하고 은폐시킨다. 마비된 비판 의식 속에서 일차원적 인간들은 자신의 욕구를 끊임없이 소비하는 데 바친다. 이러한 '허위 욕구'는 과도한 산업 생산, 낭비, 실업, 소외와 억압 등의 부정적인 현실의 모순을 비판적으로 인식하고 거기서 벗어나고자 하는, 즉 해방되고자 하는 진정한 의식과 욕구를 마비시킨다."

마르쿠제의 말대로 대중에게는 두 가지 측면이 동시에 존재합니다. 가능성과 현실성이죠. 가능성이란 대중이 현실의 문제를 극복해서 더 나은 미래를 만들고자 하는 것입니다. 그런데 리오타르 선생이나 레비 선생은 가능성의 측면만 보고 있는 것 같습니다. 현실성의 문제에 대해서는 애써 눈을 감아버리고요. 저 역시 가능성의 실현이야말로 더 바랄 것이 없는 바람직한 것이라고 생각합니다.

하지만 우리는 다른 한쪽 면, 즉 현실성의 문제를 결코 간과할 수 없습니다. 현실은 어떤가요? 대중은 현대 사회를 지배하는 실증주의적 사고에 상당히 갇혀 있습니다. 그리하여 사실의 문제를 넘어서는 가치의 문제, 즉 무엇이 옳고 그른지를 비판적으로 성찰하기보다는 현실의 풍요와 이익에 안주하려는 경향이 두드러지게 나타납니다. 특히 더 많은 소비를 가장 중요한 가치로 여기는 소비 사회일수록 비판의식은 마비되고, 더 많은 소비를 향한 더 많은 노동을 자연스럽게 받아들이게 됩니다. 마르쿠제의 표현대로 일차원적 인간의 상태에 빠지게 된 것이죠.

이 상태를 넘어서기 위해서는 대중의 판단이 늘 올바르다거나 대중의 집단적인 인식이 문제 해결의 열쇠라는 식의 태도는 수정되어야 합니다.

리오타르 | 좋습니다. 선생이 현실성의 문제를 말하니 그 차원에서 접근해보죠. 먼저 소비 사회에서 대중이 비판적 의식을 상실해가고 있는 것은 어느 정도 현실적인 문제라고 할 수 있습니다. 바우만도 지적했듯이, 과거에 생산직 노동자가 점했던 사회적 비중을 소비자가 대체한 소비 사회에서는 시장이 체계 통합의 유일한 기제로 작용하게 되고, 그에 따라 모든 체계 정당성이 시장의 기능에 복종하

는 경향이 있습니다. 더 나은 미래를 향한 노력이라는 가능성의 측면보다는 현실의 풍요에 안주하려고 하는 경향이 분명히 나타나고 있습니다.

하지만 이것이 현실일지라도 이러한 상황이 지식인의 역할을 강조하는 것으로 작용하기보다는, 오히려 지식인의 역할이 별로 남아 있지 않음을 보여주는 것이 아닐까요? 지식인 역시 시장의 힘을 통제할 수 있는 어떤 능력을 가지고 있지 않잖아요. 아니, 오히려 대부분의 지식인들은 소비 사회의 이데올로기를 강화하는 역할을 하고 있습니다. 그런 점에서 지그문트 바우만이 《자유》에서 "시장은 자신이 고용한, 완벽한 지식을 갖춘 전문가들의 도움을 받아 무지에서 합리성으로, 무능에서 각자의 계획과 욕망이 충족될 것이라는 믿음으로 옮겨갈 수 있게 해준다. 이것을 이용하기 위해 요구되는 유일한 일은 조언을 신뢰하고 그 조언에 순응하는 것이다. 이렇게 시장이 제공하는 것을 이용할 때마다, 시장과 전문가와 전문가들의 지식에 대한 개인의 의존성은 재생산되고 강화된다."고 한 말은 타당해요. 시장이 전반적으로 이 사회를 지배하는 상황이라는 것은 그만큼 정치적인 영역이 축소되고 있음을 뜻합니다. 그렇다면 과거에 정치적인 영역에서 일정한 역할을 담당했던 지식인들은 시장이 지배하는 지금 상황에서는 할 수 있는 일이 거의 없다고 봐야 할 겁니다. 지식인들이 시장에서 무슨 비판적 기능을 할 수 있겠어요.

그렇다고 제가 대중이 소비 이데올로기에 빠져서 허우적대는 것이 바람직하다거나 이를 어쩔 수 없는 것으로 받아들이자고 이야기하는 것은 아닙니다. 이 문제를 해결할 주체가 누구냐는 것이지요.

과연 지식인이 그 역할을 할 수 있을까요? 방금 전에 말했듯이, 과거 그 어느 때보다 이 문제에 있어서 지식인의 역할은 축소되었습니다. 현실성에서 가능성의 영역으로의 진전 역시 이미 대중 속에서 이루어지고 있는 듯합니다. 소비자 운동을 비롯해서 다양한 모색이 대중 속에서 자체적으로 형성되어가고 있지요.

박쌤 | 지식인 문제라는 것이 결국은 현대 사회의 현실에 대한 이해, 더 나아가서는 인간과 사회를 바라보는 인식 방법론에 이르기까지 워낙 방대한 분야와 관련되어 있어서, 논의를 계속하다 보면 거의 끝없이 이어질 것 같습니다. 한정된 시간과 지면에서 그 모든 논의를 다 다룰 수 없는 것이 안타까울 뿐입니다. 아쉬움을 뒤로하고, 오늘 사르트르 선생과 리오타르 선생을 모시고 진행한 지식인 논쟁은 이쯤에서 마무리해야 할 것 같습니다.

하지만 오늘의 논쟁을 통해서 지식인이 처해 있는 현실과 역할에 대해 어떤 문제의식과 대안이 제기될 수 있는지와 관련해 적지 않은 도움을 받을 수 있었습니다. 특히 리오타르 선생이 제기하신 거대이론의 소멸 문제는 나중에 포스트모더니즘과 관련한 논의에서 다시 집중적으로 다루어볼 만한 주제인 듯합니다. 그때 더 욕심을 내보도록 하죠.

오늘, 긴 시간 함께 자리해주셔서 고맙습니다.

지 식 넓 히 기 2

사르트르와 리오타르

사르트르(Jean Paul Sartre, 1905~1980)

프랑스의 대표적인 20세기 사상가, 문학가로서 일생 동안 기존의 지배 계급을 비판하고 고발하면서 참된 지식인이 되고자 노력했다.

사르트르는 1905년 파리의 한 중산층 가정에서 태어났다. 프랑스 북부의 항구도시 르아브르에 있는 르아브르 고등학교에서 철학 교사로 일하다 1933년 베를린으로 1년간 유학을 갔는데, 거기서 후설과 하이데거를 연구했다. 1938년, 소설 《구토》로 세상의 주목을 끌면서 신진 작가로서의 기반을 확보하였다.

2차 세계대전과 구 전쟁 중에 겪었던 포로수용소 생활, 레지스탕스 운동은 그에게 역사성과 연대성을 동시에 일깨워주었다. 장편소설 《자유의 길》의 대부분과 《상황》에 들어 있는 독창적인 문예평론도 전시의 산물이었다.

종전 후, 사르트르는 문학과 철학에 관한 집필을 계속하면서 그의 사상을 전파하고 활동을 조직화하여 적극적으로 행동한다. 그는 사회주의에서 그의 모든 사상과 이념을 실현할 수 있는 조건을 발견했던 것 같다. 개인의 의식이 대중을 통하지 않고서는 세계에 도달할 수 없으며 사물에 대한 참된 관점은 바로 프롤레타리아 계급의 관점이라고 생각한 그는, 공산당을 현실에서 함께 일할 수 있는 유일한 무대로 삼았다. 그는 원초적인 문제의식에 있어서는 공산당과 일치했다. 그러나 사회주의 혁명의 완수와 함께 인간으로서의 존엄과 개성이 허용되어야 한다는 그의 도덕적 이상은 애초부터 스탈린식 공산주의와 갈등을 일으킬 수밖에 없었다.

1943년에 발표한 사르트르의 철학논문 《존재와 무》는 무신론적 실존주의의 입장에서 전개한 존재에 관한 결정적인 작업으로, 2차 세계대전의 전중부터 전후 시대의 사조를 대표하는 웅대한 금자탑

파리 몽파르나스
묘역에 있는
사르트르의 묘

이라고 할 수 있다. 사르트르의 문학적 주장은 《실존주의는 휴머니즘이다》에 밝혀져 있는데, 그가 말하는 "문학자의 사회 참여"란 《구토》나 《존재와 무》에서 볼 수 있었던 니힐리즘의 그림자가 짙은 작품과는 거리가 먼 것이었다. 어쨌든 그것 역시도 전쟁의 체험에 따른 사르트르 자신의 주체적 변화를 반영한 것이었다.

대표작으로 《상상적인 것》, 《존재와 무》, 《보들레르》, 《변증법적 이성 비판》, 《상황》, 《도덕 수첩》 등이 있다.

《지식인을 위한 변명》

사르트르가 1965년 9~10월에 일본 도쿄와 교토에서 행한 세 차례의 지식인 관련 강연을 모아서 1972년에 펴낸 책이다.

《지식인을 위한 변명》은 3부로 이루어져 있다. 제1부 〈지식인이란 무엇인가〉는 '지식인이 처한 상황'과 '지식인이란 무엇인가'로 구성되어 있다. 사르트르의 지식인관이 가장 잘 드러나는 부분이다.

제2부 〈지식인의 기능〉에서는 '모순', '지식인과 대중', '지식인의 역할'에 대해 논하고 있다. 지배 계급과 민중 사이에서 비판받고 갈등하는 모순된 상태의 지식인이 자신의 역할을 찾아나서는 길을 밝히고 있다. 그것은 오직 끊임없는 자기 비판과 기층 민중과의 철저한 연대를 통해 모든 권력에 대항할 때만 가능하다. 사르트르에 의하면 지식인은 고독한 민주주의의 옹호자이다.

제3부의 제목은 〈작가는 지식인인가〉이다. 사르트르는 작가에게서도 지식인의 근본적인 특성들을 볼 수 있지만, 창조적 예술가인 작가는 보편화와 실용적 지식을 목적으로 하는 교육자나 학자, 의

사 같은 지식인들과는 근본적으로 다른 점을 지니고 있다고 주장한다. 예컨대 문학작품의 의미와 내용은 객관적 세계인 동시에 주관적 세계이고, 작가가 작품을 쓰는 의도는 어떤 지식을 전달하는 데 있지 않다. 단지 작가가 포착한 세계를 독자에게 보여주는 것이다. 사르트르는 작가도 지식인이며, 작가의 참된 기능은 인간의 가치를 억압하고 파괴하는 기존의 모든 질서 체제를 폭로하고 고발하는 것이라고 보았다.

그는 1966년 일본에서 행한 일련의 강연에서 "지식인은 자신 및 사회 속의 지배 이데올로기와 실제적인 진리 사이의 대립을 인식하는 전문가"라고 정의했는데, 그의 이러한 지식인 개념은 다음의 세 가지 점에서 주목을 끈다.

"첫째, 지식인은 전문가로부터 나온다. 둘째, 지식인은 보편적인 지식 및 기술의 추구와 지배 계급이 요구하는 당파적 이해관심 사이의 모순을 경험한다. 셋째, 지식인은 소외 계급으로부터 나올 수 없다. 그리고 그들은 보편주의와 당파주의 간의 모순 때문에 소외 계급의 보편화 운동에 참여하지만, 소외 계급을 위한 이론가가 될 수는 있어도 이들의 유기적 지식인이 될 수는 없다."

사르트르의 사상과 지식인관을 엿볼 수 있는 《지식인을 위한 변명》은 비록 20세기 초반을 배경으로 하고는 있지만, 지식인이 처해 있는 특수한 상황과 모순을 분석하고, 그 모순의 극복을 통해 지식인의 참다운 기능은 무엇인가를 밝히고 있다는 점에서 21세기인 오늘날에도 시사하는 바가 크다. 따라서 이 책은 일본과 유럽에서 지식인들이 왜 세상의 지탄을 받게 되었는가로부터 전후 시기 지식인의 역할과 책무는 무엇인지에 대한 사르트르의 주장을 살펴보는 데 매우 유용하다.

리오타르(Jean François Lyotard, 1924~1998)

철학, 미학, 문화 비판 등의 영역에서 활발하게 활동한 현대 프랑스의 철학자이자 비판적 사상가이다. 그는 1979년 《포스트모던의 조건: 지식에 대한 보고서》를 발표하여 포스트모더니즘과 포스트모더니티 분석의 토대를 마련했다.

리오타르는 소르본대학에서 철학과 문학을 공부했으며, 1970년대 초부터 1989년 벵센대학과 생드니대학에서 철학을 가르쳤다. 현상학자 후설에게서 영향을 받아 1954년 첫 저작 《현상학》을 발표했으며, 알제리 해방운동 지지자로서 1955년부터 1966년까지 사회주의 경향의 잡지 《사회주의냐 야만이냐》와 《노동자의 힘》이라는 신문의 편집위원으로 활동했다.

후설의 현상학에 관한 논문을 제출한 그는 자신의 동료들인 푸코, 데리다, 라캉, 들뢰즈 등과 더불어 '회의의 대가'라고 일컬어지는 마르크스, 니체, 프로이트의 사상적 전통 속에서 사유의 단초를 발견하였다. 리오타르는 그 누구보다도 포스트모더니즘에 대해 적극적이고 긍정적인 눈길을 보냈다. 그는 포스트모더니즘의 출처와 목표를 규정하고, 왜 그것이 지금 여기서 문제가 되는지에 대한 연구를 자신의 철학 활동으로 삼았다. 고대의 소피스트적 전통에서 니체와 프로이트로 이어지는 사유의 길이 도달되는 지점은, 리오타르에 따르면 억압되고 소외된 것의 복권이고, 감추어져 있는 것의 드러냄이며, 알려지지 않은 것의 창안이었다. 그는 이것을 위해 '인간의 죽음'이나 '주체의 해체' 혹은 '철학의 종말'과 같은 과격한 용어들을 자신의 이론에 도입하고, 이를 통해 보편적 이성의 분산, 사변적 주체의 해체, 형이상학적 철학의 분해를 시도한다. 리오타르는 근대적 정신에게는 절망적인 것으로 보일 수도 있는 이런 시도를 철학의 언어적, 미학적 전환이라는 방식을 통해 수행하였다.

마르크스가 정신에 대한 물질의 우위를 주장함으로써 유심론에, 니체가 신의 죽음을 선포함으로써 신 및 이성 중심주의에, 그리고 프로이트가 무의식의 중요성을 강조하면서 의식주의에 각각 종말을 고하고 기존 사유 양식의 탈정당화를 선언했듯이, 리오타르는 선진 산업 사회, 정보화 사회, 포스트모던적 사회에서 정당화 담론에 대한 탈정당화 과정이 마무리되었다고 보았다.

리오타르는 1968년 프랑스 68혁명을 겪은 뒤 《담론 현상》, 《리비도 경제》, 《분쟁》 등의 저작을 발표하면서 1980년대부터 포스트모더니즘의 대표적인 이론가로 평가받기 시작했다. 그 외의 저작으로 《포스트모더니즘의 조건》, 《지식인의 종언》 등이 널리 알려져 있다.

《지식인의 종언》

리오타르의 《지식인의 무덤과 몇 가지 글들》이라는 책을 비롯하여 여러 지면에 실려 있는 글들을 편집해 엮은 책이다. 주요한 글로는 포스트모더니즘에 대한 친절한 설명을 담고 있는 〈포스트모던이란 무엇인가〉, 〈포스트모던에 관한 짧은 설명〉, 〈'포스트'의 의미에 관하여〉, 〈이야기들에 관하여〉, 〈보편사에 관하여〉, 〈정당성에 관하여〉 등이 있다. 지식인 논쟁을 직접 다룬 것으로는 〈지식인의 무덤〉이 대표적이다.

리오타르의 지식인관을 이해하기 위해서는 포스트모더니즘이라는 그의 문제의식 전반에 대한 이해가 전제되어야 한다. 그러므로 이 책《지식인의 종언》에 실려 있는 내용을 전반적으로 이해하는 것은 지식인 문제를 이해하는 데 도움이 될 것이다. 또한 "포스트모던은 19세기 말부터 과학, 문학, 예술의 게임 규칙에 영향을 준 삶의 형식"이라고 규정하는 리오타르의 글을 통해 포스트모던에 대한 전반적 이해를 얻을 수 있고, 나아가 보편적이고 계몽적인 이성의 종말, 더 나아가서는 "이러한 이성의 주체인 지식인이 이제 포스트모던적 조건 속에서 그 입지를 상실했다."는 리오타르의 입장을 파악하는 데 이 책은 중요한 텍스트 역할을 한다.

《지식인의 종언》에서 '지식인'은 보편적이고 계몽적인 이성의 주체로서의 지식인을 의미한다. '종언'은 그러한 보편적인 이성은 더 이상 정당성을 상실했으며, 쪼개진 이성에서 그 대안을 모색해야 한다는 것을 상징하는 표현으로 볼 수 있다.

리오타르는 이 책에서 이제 더 이상 '지식인'은 존재하지 않는다고 단언했다. 그럼에도 불구하고 여전히 어떤 것이 존재한다면, 그들은 18세기 이래 서양 역사의 새로운 사실들에 대해 어둡기 때문이라고 지적했다. 그가 보기에 현대 사회에서는 현실에 어떤 징표를 보내고, 이런 징표의 이름으로 '세계관'과 다름 아닌 논변을 제기할 수 있는 보편적 주체란 존재하지 않는다. 보편적인 주체에 해당하는 대표적인 것이 지식인인데, 그에 따르면 지식인은 현실에서 벌어지는 수많은 문제들에 대해서 보편적인 문제 제기자나 해결자의 역할을 부여받는 것이 아니라, 수동적이고 국부적인 조정의 역할만을 부여받을 뿐이기 때문이다.

원문 읽기

| 지식인을 위한 변명

지식인이란 무엇인가? | 현대 사회에서는 일이 분화됨으로써 여러 그룹이 각기 다른 직책을 맡고, 그 모든 것이 한데 합쳐져야 하나의 행위를 이루게 되었다. 그러다 보니 우리의 가장 큰 관심거리는 실용적 지식을 가진 전문가를 배출하는 데 쏠리게 되었다. 다시 말해 이 특수한 집단에서, 또 이들에 의해서만 '사물을 드러내는 행위'가 따로 분리되어 제기되었다.

목표는 지배 계층이 세우고 그 실현은 근로자 계층에 의해 이루어지지만, 실현 수단에 대한 연구는 학자, 엔지니어, 의사, 법률가, 법관, 교수 등등 소위 콜린 클라크가 3차 산업이라고 불렀던 기술자 집단에게 맡겨진다. 이 사람들은 하나의 사물을 드러내고 극복하고 보존한다는 의미에 있어서는 다른 누구와도 구별되지 않는 개인들이다.

그러나 그들에게 주어진 사회적 기능은 가능성의 영역에 대한 비판적 실험일 뿐이며, 목적의 평가나 그 실현은 대부분의 경우 그들에게 상관없는 일이다(물론 외과의사 같은 예외는 있지만). 이러한 전문 기술자 집단은 아직 지식인이 아니다. 그러나 지식인이 태어나는 모태는 다름 아닌 바로 이 계층에서이다.

(…중략…)

실용적 지식의 전문가는 부르주아지의 발달과 때를 같이한다. 원래 상업 계급인 부르주아지는 부르주아지가 생성되던 때부터 상업적 자본주의의 발달을 저해하는 교회와 정면으로 대치했다. 그러나 이들은 자기 고유의 이데올로기를 정의할 생각은 하지 못한 채 교회의 이데올로기를 채택하고 유지했다. 이들은 자기의 아들들 중에서 기술자나 변호인을 만들어냈다. 상선은 학자나 엔지니어를 탄생시켰고, 복식부기는 회계사를 요구하는 가운데 수학자를 태어나게 했다. 부동산 계약이 법률인의 증가를 가져왔고, 의학이 발달했으며, 해부학은 부르주아적 예술에 있어서 사실주의의 근원이 되었다. 이 중간층의 전문가들은 모두 부르주아지에서 태어났다. 이들은 하나의 계급도 아니었으며 엘리트도 아니었다. 상업 자본주의라는 거대한 사업에 완전히 통합된 채 이들은 부르주아지의 보존 및 확대를 도왔다. 이 학자들과 실무 전문가들은 어떤 이데올로기의 수호자도 아니고, 또 그 기능 자체는 부르주아지에게 하나의 이데올로기를 제공하는 것도 아니었다. 부르주아 계급과 교회 이데올로기가 상충하여 갈등을 일으켜도 그들은 별다른 게입을 하지 않았다.

사실 모든 것을 속화하는 데만 관심이 있었던 부르주아는 그 어떤 종교 이데올로기를 채택한다 해도 만족할 수 없었을 것이다. 그런데 성직자들 간 싸움의 와중에서 전문 기술자들은 상품의 유통이 이루어지는 시간과 장소를 정의하거나 부르주아지 고유의 행위들을 조명함으로써, 자신들도 알지 못하는 사이에 하나의 부르주아 이데올로기를 만들어냈다.

이러한 이데올로기를 수립한 것은 성직자가 아니고 실용학문의 전문가였다. 예를 들면 법률가 몽테스키외, 문필가 볼테르와 디드로, 루소, 수학자 달랑베르, 총괄징세청부인 엘베티우스 및 의사 등 등이다. 이제는 이들이 성직자의 역할을 하고 철학자, 즉 '지혜를 사랑하는 자'의 칭호를 얻었다. 지혜, 그것은 바로 이성을 가리켰다. 자기의 전문적인 일 말고도 이들은 부르주아지의 행동과 요구들을 합리화시키는 보편적 합리성의 개념을 창조했다.

이들은 분석적인 방법을 썼는데, 그것은 그 시대의 기술과 과학에서 논증된 탐구 방법이었다. 이들은 그것을 역사 문제, 사회 문제에 두루 적용했다. 그것은 합리성이라고는 전혀 없는 귀족이라는 신화, 특권, 전통 등에 대항하기 위한 최선의 무기였다. 이들은 물론 용의주도하게 신정론 및 귀족의 신화를 잠식하는 화학약품을 잘 감추었다. 하나의 예를 들자면 정밀과학의 엄격한 대상물로서의 자연과, 신에 의해 창조된 기독교 세계로서의 자연 개념을 들 수 있다. 그것은 서로 다른 것이다.

(…중략…)

이때쯤부터 이들의 작업은 부르주아지에게 봉건주의를 타개하는 무기를 만들어주거나, 오만한 자아의식 속에 자신의 위치를 정립하게 해주는 것이었다. 자연법의 개념을 경제에까지 연장시킴으로써

(이것은 피할 수 없는 근본적인 오류였다) 이들은 경제를 속화시켰으며, 동시에 인간 외적 요소로 만들고 말았다. 철학자들이 사상의 자유권을 주장했을 때 이들은 실제적인 탐구에 필요한 사상의 독립성만을 요구했을 뿐이다. 그런데 부르주아 계급에게 이 요구는 무엇보다도 상업에 있어서의 봉건주의적 장애물의 철폐와 자유주의 경제적 자유 경쟁을 겨냥한 것이었다. 똑같은 방법으로 개인주의는 부르주아 지주에게 물권의 확인을 해주는 이론적 근거가 되었다.

당시의 과학정신을 사회에 적용한 결과로 사회적 원자론이 생겨났다. 부르주아는 사회의 유기체성을 부정하기 위해 이 이론을 썼다. 모든 사회적 원자의 평등성은 부분적 이성에 기초를 둔 과학적 이데올로기의 필연적 결과였다. 부르주아는 귀족을 타도하기 위해 귀족과 그 외의 모든 인간들을 적대관계에 놓고는 이 원자론을 적용했다. 하기는 마르크스가 말한 대로 그 시대에 있어서 보편적 계급은 부르주아였다.

여하튼 당시의 철학자들은 오늘날 지식인이 비난받는 바로 그런 일들을 했다. 그들은 그들의 방법이 추구하는 본래의 목표 외에 다른 목표를 위해, 다시 말해 기계적, 분석적 과학주의에 기초한 부르주아 이데올로기를 위해 그런 방법들을 썼다. 그들을 초기 지식인이라고 불러야 할까? 그 답은 긍정일 수도, 부정일 수도 있다. 사실 그 당시에 그들이 자기에게 상관없는 일에 개입한다고 비난한 것은 귀족들이었다. 그리고 고위 성직자들이었다. 결코 부르주아지는 아니었다. 그것은 그들의 이데올로기가 무에서 나온 것이 아니라는 것을 입증한다. 부르주아 계급은 상업 행위를 통해 아직은 산만하고 세련되지 못한 이데올로기를 만들어냈다. 그들은 다른 사회 계급의 이데올로기를 깨뜨리고 해체시키기 위해서는 어떤 표지와 상징을 통해 자신들의 계급의식을 세우는 것이 필요하다는 것을 알게 되었다. 그리하여 당시의 '철학자'들은 그람시가 쓴 의미대로, 유기적인 지식인으로 등장한 것이다. 부르주아 계급에서 태어난 그들은 이 계급의 객관적 정신을 표현하는 임무를 떠맡았다. 어디에서 이러한 조직적인 일치가 이루어졌는가? 그것은 그들이 부르주아적 계급에서 태어났고, 그 계급의 성공과 함께 자라났고, 그 관습과 사상에 젖어 있기 때문이다. 그리고 특히 과학적, 실용적 탐구 방법이 부르주아 계급의 주장과 완전 일치했기 때문이다.

부르주아지에서 태어나 그 가운데서 자라고 교육받은 '철학자'들이 자기 계급의 이데올로기를 만들기 위해 투쟁했던 이 시기는 참으로 황금기라고 해도 좋을 것이다. 그러나 그것은 이미 먼 옛날의 이야기이다. 오늘날 부르주아 계급은 권좌에 올랐고 그 누구도 이들을 보편적인 계급이라고 할 수 없게 되었다. 이 사실 하나만으로도 그들의 휴머니즘을 시대착오적인 것이라고 말할 근거는 충분하다. 이 이데올로기는 가족 자본주의 형태의 시대에는 적합했을지 모르나, 독과점 자본주의 형태의 시대인 오늘날에는 별로 맞지 않는다. 그런데도 부르주아들은 아직도 이 사상을 고수하고 있다. 즉 "부르주아지는 휴머니스트며 서구 세계는 자유로운 세계다."라고 고집하는 것이다. 그러나 19세기 말, 특히 드레퓌스 사건 이래로 이 철학자들의 손자는 지식인으로 변모했다. 그건 무엇을 의미하는가?

권력층도 기술자의 현실이 보편과 특수 사이의 영원하고도 상호적인 이의 제기이며, 헤겔이 말한 대로 "불행한 의식"을 대표하는 사람들이라는 것을 모르지 않는다. 바로 그 점 때문에 지배 계층은 전문가를 극히 위험한 요주의 인물로 간주한다. 이 과학정신에서 이의 제기란 아주 필요한 행동인데도 불구하고 "항상 반대만 하는 사람"이라고 전문가를 매도한다. 그들은 새로운 이의 제기를 통해 그 모순을 좀 더 잘 제거하기 위해서만 이 모순을 인정했다. 그러니까 이 모순이 그들의 대상으로 등장한 것이다. 바로 그러할 때 피츠제럴드와 아인슈타인은 이의 제기자가 아니라, 실험 결과를 통합시키기 위해 전체 체계 중에서 무엇을 버려야 할 것인가를 모색하는 학자인 양 보인다. 학자는 항상 수단을 재검토해보아야 하며, 지배 계층이 제시한 추상적인 목적과 수단들 하나하나도 재검토해보아야 한다. 그러므로 학자는 지배 계층에게 불가분의 존재이자 수상쩍은 존재이다. 학자도 이 수상쩍은 기미를 느끼게 되며, 이러한 의심을 내재화하고, 자신에 대한 의심을 출발점으로 삼는다.

　Ⓐ 전문 기술자는 지배 계층의 이데올로기를 받아들인다. 그는 자기 기만을 통해 보편을 특수의 예속 하에 둔다. 또 자기 검열을 행하여 스스로 정치에 무관심한 불가지론자가 된다. 권력이 강제로 그의 부정적 자세를 포기하도록 강요하기도 한다. 그는 자기의 도전적 권한을 스스로 포기하게 되는데, 이것은 과학자로서의 기능에 비추어볼 때 매우 유감스러운 일이 아닐 수 없다. 이런 경우 사람들은 그를 "지식인이 아니다."라고 자신 있게 말할 수 있다.

　Ⓑ 그가 자신의 이데올로기의 특수주의를 확인하고 그것에서 만족을 못하며, 자체 검열의 방식으로 이 권위주의적 원칙을 자기 것

으로 삼았다는 것을 깨닫고 자신의 병폐와 훼손을 거부하기 위해 자신이 교육받아온 이데올로기 자체를 문제 삼을 때, 그리하여 자신이 알지도 못하는 목적의 수단이 되는 것을 거부하고 지배 권력의 하급 공작요원이 되는 것을 거부할 때, 바로 그때 실용적 지식의 공작요원은 괴물이 된다. 즉 지식인이 된다. 그는 이제 자기에게 상관있는 일에 개입하여(외적으로는 그의 인생을 이끄는 대원칙, 내적으로는 사회 내에서 그 자신의 위치로 인하여), 사람들이 흔히 자기에게 상관도 없는 일에 개입한다고 말하는, 그런 지식인이 된 것이다.

요컨대 모든 전문 기술자는 보편적 기술과 지배 이데올로기 사이에서 영원한 내적 투쟁을 하는 존재라는 점에서 잠재적인 지식인이라 할 수 있다. 그러나 전문 기술자가 지식인으로 변하는 것은 그렇게 단순한 결정에 의해서가 아니다. 그것은 결국 내부의 갈등을 제거할 만한 경험을 갖고 있는가에 달린 문제이다. 이런 변화를 이루는 요인들의 총체는 사회적 차원이라고 할 수 있다.

(…중략…)

역사적으로 보면, 해묵은 가치나 지배자의 이데올로기가 노동자 계층의 격렬한 도전을 받고 지배 계층 안에서 큰 변화를 일으킨 적도 있다. 이때 수많은 전문가들이 지식인으로 변모했는데, 그것은 그 사회에서 노정된 모순들이 그들 자신의 모순에 눈뜨게 해주었기 때문이다. 지배 계층이 학문을 희생시키면서까지 자체 이데올로기의 영향을 넓히려 하면 할수록 그들은 사회 내부의 긴장을 고조시켜 오히려 기술자를 지식인으로 만드는 데 큰 역할을 한다. 그들은 기술자가 받아들일 수 없는 한도까지 기술과 과학의 영역 및 방법론의 자유로운 적용을 축소시켜놓았다. 예컨대 일본은 근세에 들어와 역사학 교수로 하여금 역사적 진실을 왜곡하도록 강요했다. 그러자 묵묵히 가르치는 일에만 전념하고 사실 정립에만 몰두하던 교수는 이때까지 수동적으로 받아들이기만 했던 이데올로기에 대해 직업적 양심과 과학적 방법론의 이름으로 이의를 제기했다. 대부분의 경우, 이러한 요소들은 전부 한꺼번에 작용한다. 이 모든 요소들은 제각기 형태는 다를지라도 하나의 사회가 전문가를 대하는 일반적인 태도를 반영한다는 점에서 공통점을 갖기 때문이다. 여하튼 그들은 제도적 모순에 눈뜨게 된다.

지식인이란 자기 내부와 사회 안에서, 또 실용적인 진리 탐구(그것이 내포하는 규범까지 포함하여)와 지배자의 이데올로기(그 전통적 가치 체계를 포함하여) 사이의 대립을 의식하는 사람이다. 이러한 의식은 그것의 실현을 보기 위해서 우선 지식인의 직업적 활동과 기능의 수준에서 작동되어야 하지만, 결국은 그 사회가 안고 있는 근본적인 모순의 폭로에 지나지 않는다. 다시 말해 각 계층 간 또는 지배 계층 내부에서의 갈등을 인식하거나, 지배 계층이 그들의 이익을 위하여 주장하는 진리와 신화, 그리고 그들이 이미 그 자신의 지배 권력을 유지하기 위해 사회의 다른 계층에서 강요하며 보존시키고 있는 가치와 전통 들의 모순점을 인식하는 것이다.

모순된 사회에서 태어난 지식인은 사회의 모순을 내재화하고 있으므로 모순된 사회의 증인이라 할 수 있다. 즉 그들은 역사적 산물이다. 그러므로 어떤 사회도 자체를 손상시키지 않고는 지식인을 비난할 수 없다. 왜냐하면 지식인을 만든 것이 바로 그 사회이기 때문이다.

지식인의 기능 | 지식인은 고독하다. 아무도 그에게 어떠한 역할을 위임한 적이 없기 때문이다. 그런데 그는 다른 사람들이 함께 해방되지 않고는 스스로도 해방될 수 없다. 왜냐하면 모든 인간은 자기 고유의 목적을 갖고 있는데, 체제가 끊임없이 그 목적을 '훔쳐가기' 때문이다. 그리고 이러한 소외는 지배 계급에까지 번져서 이 계급의 구성원들마저도 자기네에게 속하지 않은 비인간적인 목적, 말하자면 근본적으로 '이익'을 위해 일하게 되어 있는 것이다. 그러므로 지식인은 자기 고유의 모순이 결국 객관적 모순의 특수한 표현임을 깨닫고서, 자신과 타인을 위해 이러한 모순과 싸우는 모든 인간에게 연대감을 느끼는 것이다.

하지만 단순히 자기에게 주입된 이데올로기를 '연구'하는 것만으로 지식인이 자기 임무를 다 해내리라고는 생각할 수 없다(예컨대 이데올로기에 평범한 비판 방법을 적용한다든지 해서). 사실 그것은 '그 자신의' 이데올로기이기 때문이다. 그것은 그의 생활 방식으로서(그가 '현실적으로' 중산 계급의 일원인 것처럼), 또 자기 코 위에 걸어놓고 그것을 통해 세상을 바라보는 안경과 같은 자신의 '세계관'으로서 표현된다. 그가 괴로워하는 모순은 처음에는 단순히 괴롭다는 느낌으로밖에 체험되지 않는다. 그 모순을 '바라보기' 위해서는 그 모순과 어느 정도의 '거리를 두고' 서 있어야 할 것이다.

그런데 그러기 위해서는 다른 누군가의 도움이 필요하다. 사실 상황에 의해 철저히 조건 지워진 이 역사의 하수인은 고공의식(비행하는 동안에 일어나는, 평상시와는 다른 특수한 의식 상태)과는 반대되는 것이다. 만일 그가 자기 자신을 알기 위해(마치 우리가 과거의 사회를 알아볼 수 있듯) 미래 속에 자리 잡고 있으려 든다면, 그는 완전히 자신의 목표를 잃게 될 것이다. 그는 미래라는 것을 모르며, 설혹 미래의 한 귀퉁이를 언뜻 보았다 하더라도 그것은 자기 내부에 도사린 편견, 즉 자기의 경향성처럼 자리 잡은 모순을 근거로 하여 알게 된 것이기 때문이다. 만일 그가 지배 계급의 이데올로기를 판단하기 위해 관념적으로 사회 밖에 서서 바라보는 태도를 취한다면, 그는 그 모순마저도 자기와 함께 사회 밖으로 가지고 나가버리는 꼴이 될 것이다. 잘못하면 (경제적으로) 중산 계급 위에서 군림하고 있는 대부르주아지에 자신을 일치시키면서, 아무런 반대 없이 그들의 이데올로기를 받아들이게 될지도 모른다. 그러므로 자기가 사는 사회를 이해할 수 있는 방법은 단 하나, 가장 혜택받지 못한 계층의 관점에서 사회를 바라보는 것이다.

그들 계층은 보편성을 대표하지는 않는다. 보편성이라는 것은 아무 데도 없는 허구일 뿐이다. 그들은 억압과 착취에 의해 특수화된 압도적 다수이다. 자기 고유의 목적을 박탈당하고(전문 지식 소유자들과 꼭 마찬가지로), 자기들 손으로 만들었으면서도 동시에 자기들의 임무를 규정해버리는 생산품들에 의해 그 존재가 규정되는 특별한 생산도구로 전락함으로써, 그들은 이 억압과 착취를 통해 자기들이 만든 생산물의 생산물이 되어버린다. 이처럼 부조리한 특수화에 대항하여 싸우다 보면 그들 역시 보편성을 추구하게 된다. 그러나 이것은 자기를 보편적 계급이라고 생각할 때의 부르주아지적 보편성은 아니다. 그것은 특수주의가 사라지고 분열 없는 사회가 출현할 때에야 가능한 보편성, 부정적 기원을 갖는 구체적 보편성이다.

지식인의 역할 | 사실상 소외된 계층이 필요로 하는 것은 어떤 이데올로기가 아니라 사회에 대한 구체적 진실이다. 말하자면 그들은 자기 자신에 관한 신화적 표현을 가지고는 할 일이 없다. 그들은 세계를 변화시키기 위해 세계를 알아야 할 필요가 있는 것이다. 이것은 그들이 상황에 처해지기를 요구하는 동시에(왜냐하면 한 계층의 인식 속에는 다른 모든 계층의 인식과 그들의 세력 관계가 내포되어 있기 때문이다) 그들의 유기적 목적과 그 목적을 이룰 수 있게 해줄 실천을 찾아내도록 요구된다는 것을 의미한다. 간단히 말해, 그들은 자기들의 구체적 진실을 소유해야만 한다. 즉 그들은 자기 자신을 역사적 특수성 속에서뿐만 아니라, 보편화를 위한 자기들의 투쟁(말하자면 착취와 억압, 소외, 불평등, 이윤 증대를 위한 노동자의 희생 따위와의 싸움) 속에서 자신을 파악하고자 한다. 이 두 가지 요구의 변증법적 관계가 사람들이 말하는 계급의식이다. 지식인이 민중에게 봉사할 수 있는 것은 바로 이 수준에서다.

지식인도, 혜택받지 못한 계급도 모두 상황에 처해진 존재이기 때문에 지식인이 보편적인 지식 전문가로서 봉사한다는 것은 아직 불가능하다. 그러나 분명히 특수한 보편자로서는 봉사할 수 있다. 왜냐하면 지식인들에게 각성이란 자기들의 계급적 특수주의와 보편화의 임무에 대한 깨달음을 뜻하기 때문이다. 그러므로 누가 지식인더러 자기의 특수성을 버리고, 특수로부터 출발하여 특수의 보편화를 지향한다고 비난할 것인가? 노동 계층은 단숨에 보편 속에 자신을 위치시키는 것이 아니라, 현재 있는 그대로의 모습에서 출발하여 세계를 변화시키고자 한다. 그렇기 때문에 보편화를 지향하는 지식인의 노력과 노동 계층의 운동 사이에는 영원한 평행선이 그어지게 된다.

이런 의미에서, 지식인이 비록 처음부터 이러한 계층 속에 위치해 있을 수는 없지만, 그가 중산 계층의 일원으로서나마 자신이 상황에 처해진 존재임을 깨닫는다는 것은 좋은 일이다. 그리고 지식인에게 있어서 자신의 상황을 거부하는 일은 중요하지 않다. 그보다는 그 상황에서 얻은 경험을 이용하여 노동 계층을 상황 지워주고, 자기의 보편적 기술이 노동 계층의 보편화 노력에 길잡이가 될 수 있도록 해주는 것이 중요하다.

이러한 수준에서 지식인을 만들어낸 모순이 지식인으로 하여금 보편적 방법(역사적 연구 방법, 구조에 대한 분석, 변증법)을 적용하여 프롤레타리아의 역사적 특수성을 연구할 수 있게 해주며, 보편화의 노력을 프롤레타리아의 특수성(그는 스스로가 특수한 역사로부터 비롯된 존재이며, 혁명의 '구현자'일 것을 얼마나 강하게 요구하느냐에 따라 그만큼 자기 속에 역사를 간직하고 있는 존재다) 속에서 파악할 수 있게 해준다. 변증법적 방법을 적용하며 보편적 필요에 입각하여 특수를 파악하고 보편이란 특수성이 보편화를 향해 나아가는 움직임이라고 여길 때, 비로소 지식인은—자기 존재를 구성하는 자체의 모순을 깨달은 존재로서의—프롤레타리아의 각성에 도움을 줄 수 있게 된다.

그러나 그가 지닌 계급적 특수성은 이론가로서의 그의 노력에 끝없이 함정을 파놓을 수 있다. 그러므로 지식인은 끝없이 재생하는 이데올로기, 자신의 근원적 상황과 형성 과정에 의해 영원히 새로운 형태로 부활하는 이데올로기에 대항하여 부단히 싸우지 않으면 안 된다. 그러기 위해서 그는 다음의 두 가지 방법을 동시에 사용해야 한다.

첫째, 영원한 자기 비판이 있어야 한다. 그는 끊임없이 자기 자신이 계급적 한계를 뛰어넘으려 하는 쁘띠 부르주아이며, 자기에게는 항상 쁘띠 부르주아적인 사고체계를 형성할 위험이 있다는 사실을 자각하고 있어야만 한다. 또한 자기가 결코 보편주의(그 자체에 이미 한계가 지워져 있으며, 그 때문에 보편화로의 노력에서 다양한 특수성을 제거해버릴 수 있다)나 인종주의, 민족주의, 제국주의 등으로부터 자유로울 수 없다는 사실을 알고 있어야 한다.

둘째, 혜택받지 못한 계층의 행동에 대해 구체적으로, 또한 철저하게 연대를 맺어야 한다. 사실상 이론이라는 것은 실천의 한 계기에 지나지 않는다. 그것은 여러 가지 가능성들을 측량해보는 계기일 뿐이다. 그러므로 비록 이론이 실천을 분명하게 밝혀주는 것이 사실일지라도 그 이론은 전체적 기도에 의해 규제되고, 또 그에 의해 개별화된다고 하는 것 역시 사실이다. 왜냐하면 이론이란 그 자체로 등장하기에 앞서 항상 개별적인 행위의 내부에서 유기적으로 만들어져 나오기 때문이다.

-출전 : 《지식인을 위한 변명》, 조영훈 옮김, 한마당, 1999

| 지식인의 종언

이성들 간의 혼란 | 이성에 귀속된 지위는 필요와 수단의 변증법, 기원에 대한 동등성, '새로운 것'이라

는 무한한 능력의 요청, 잉여권력에 의한 정당화라는 기술적 이데올로기에서 직접 유래한다. 과학적 이성은 메시지/지시체의 축 위에서 참과 거짓의 기준에 따라서가 아니라, 발신자/수신자의 축 위에서 발화의 수행성에 따라 문제시된다. 내가 말한 것이 당신이 말한 것보다 더 참이라면, 이는 내가 말한 것을 가지고 내가 당신보다 '더 많이 수행' 할 수 있기 때문이다. 이런 방향 전환으로부터 도출되는 작은 결과는 잘 정비된 연구소가 정당한 근거를 확보하는 데 있어 더 유리한 입장에 있다는 것이다. 참된 이성은 강자의 이성인가?

하버마스가 '기술-과학' 이라고 명명한 집성체는 사실의 상태일 뿐만 아니라 이성의 상태다. 지식인이 어떤 사명을 지닌 인물이라면, 과학자는 탈전문화 과정 속에 있는 하나의 전문 직업인이다. 어떤 전문 직종에 그 고유한 목적이 아니라 어떤 다른 목적이 강압적으로 부가되면, 그 직종은 사라지게 된다는 것을 오늘 우리는 알고 있다. 스미스와 마르크스가 상품자본의 법령 하에서 일했던 15세기 안트베르펜의 직공을 예로 들면서 기술했던 것이, 사용할 수 있는 수단뿐만 아니라 '기여' 할 수 있는 목적에 대해서조차 극대 수행의 체제 하에 있는 오늘날의 지식인들에게 마찬가지로 적용될 수 있지 않겠는가?

직공이라는 직업의 쇠퇴가 그렇듯이, 인지적 직업의 쇠퇴는 적절한 것이라고 말할 수도 있겠다. 전자가 의류 혹은 주거의 발전을 위해 지불되는 대가인 것처럼, 후자는 지식의 발전을 위해 요구되는 대가가 아니겠는가? 그러나 전적으로 이 두 직업의 동등성을 받아들인다는 조건 하에서만 이런 논증이 가능하다.

이런 것들을 받아들인다면, 인지적 직업이 오늘날 합성섬유를 생산하는 직업보다 더 정당하고 더 이성적이며 더 합목적적이지는 않다는 사실이 드러난다. 학적 노동자들은 생계를 유지하기 위해 '인식한다.' 그리고 고용주는 부를 축적하기 위해 그들을 '인식하도록 만든다.' 인지적 이성의 이성을 제시한다는 것의 의미는, 다름 아니라 자본주의가 추구하는 목적을 보여주는 것이다. 만일 인지적 역량의 사용이 오히려 공적인 것이라는 사실에 반대한다면, 이로부터 도출되는 것은 인지적 이성은 인식 자체에서가 아니라 공공이나 공공의 위임들이 추구하는 목적 속에서 발견된다는 것이다.

어쨌든 인지적 이성의 이성은 사회적, 경제적, 정치적인 질서 속에 편입되어 있으며, 사람들은 과학이 더 많은 정의, 복지, 자유를 가져다줄 것이라 믿고 있다. 이는 북미와 유럽이 이미 2세기 전에 계몽을 통한 해방이라는 거대 이야기를 신뢰했을 때 생각했던 것이다. 그러나 몇 세기 이래로 현재의 역사를 형성하는 범죄들, 아니면 적어도 기만들, 그리고 20세기 말을 특징짓는 비애들의 일부분은 아마도 파스칼이 분명하게 구별한 바 있는 지식과 세계 간의 야합에 그 책임을 물을 수 있을 것이다.

지식인의 무덤 | 집권 사회당 정부의 대변인은 사회경제 영역에서 프랑스의 후진성을 극복하기 위해 필요한 변혁과 관련해 토론회를 열어줄 것을 '지식인들'에게 촉구했다. 그는 또한 토론자들의 거창한 이름보다는 반성에서 나온 구체적인 성과를 원한다고 분명하게 덧붙였다.

이 대변인이 말하는 지식인들이란 정확히 누구를 가리키고 있는가? 아마도 계획 입안자, 전문가, 결정권자와 같이 행정적, 경제적, 사회적, 문화적 책임을 떠맡고 있거나 떠맡게 될 지성인들, 또는 이런 책임을 외면하지 않고 저 변혁에 대해 토론할 수 있는 사람들을 염두에 두고 있는 것 같다.

그러나 내 생각으로는 지식인들이란 인간, 인류, 국가, 국민, 프롤레타리아, 창조자 혹은 이런 종류의 실재적 위치를 차지하면서 보편적 가치를 구현하는 주체와 동일시되는 사람들이다. 그리고 이런 위치에서 상황과 조건을 분석하고 기술하며, 이런 주체가 실현되거나 적어도 점진적으로 실현되도록 하기 위해 무엇을 해야 하는지를 규정하는 사람들이다. 지식인들은 이런 실재의 수탁자이자 배아자인 개개인에게 말을 걸며, 개개인의 의견에 따라 자신의 의사를 표명한다. 지식인들의 책임은 보편적 주체가 공유하는 이념과 분리될 수 없다. 볼테르, 졸라, 사르트르가 공인된 권위를 가질 수 있는 것은 바로 이런 책임 때문이다. (…중략…)

언어의 기술과학과 본질적으로 결부되어 있는 신기술, 그리고 민간, 경제, 사회, 군사, 행정의 집중화는 중간 책임직 및 고위 책임직의 본성을 바꾸어놓았다. 이러한 직업 분야에 요구되는 사람은 정밀과학, 첨단기술 및 인문과학 분야에서 교육받은 사람들이다.

이런 지도 세력들 자체가 지식인들인 것은 아니다. 그들의 지성을 전문적으로 훈련시키는 목적은 그들의 역량 내에서 보편적 주체의 이념을 구현하기 위해서가 아니라, 가능한 최상의 수행성을 실현하기 위해서이다. 이런 최상의 수행성은 작동에 있어 최상의 투입/산출(쉽게 말해, 지출/수입) 관계에 의해 규정된다. 이는 재정, 시간의 이득이나 손실, 작동 결과에 대한 평가 등을 포함하는 넓은 의미에서의 기술적 기준이다. 이와 같은 책임직에 종사하는 사람은 새로운 기제들을 창안할 수 있고, 또 창안해내야 한다. 이런 의미에서 그는 자신의 영역에서 가장 수행적인 것이 무엇인지를 조사한다. 그러나 보편성이라는 사명을 가진 주체와는 달리, 가장 수행적인 것의 한계와 수행성의 본질은 그에게 문제가 되지 않는다. 그는 실재들의 구분 및 행위들에 대한 평가 기준을 자신에게 부과한 대로 받아들인다.

확실히 나는 논의를 단순화시키고 있다. 신 기술공학이 발전함에 따라 실재들의 구분은 계속 불안정해지고 있다. 그러나 작가, 예술가, 철학자가 이러한 종류의 책임을 떠맡고 있는 순간, 그들은 자신들에게 부과된 목표, 즉 주어진 분야에서 수행적이어야 한다는 것을 사실로 받아들인다.

이는 문화의 영역에서도 마찬가지이다. 사람들은 문화센터를 운영하고 문화부의 분과를 지휘하며 창작후원회에 참가한다. 위대한 극작가나 화가라 할지라도 문화적 책임으로서 이들에게 부가되는 목표는 창조의 목표와는 본질적으로 다른 것이다. 문화적 활동과 문화적인 활기 부여라는 이념조차도 수신자(대중, 이용자)가 지식, 취향, 감수성, 표현 수단을 갖고 있지 않기에 먼저 그를 교육시켜야 한다는 것을 전제로 하고 있다. 학교 교육에서 행해지는 것과는 달리 우선 그를 오게 한 뒤, 그를 유혹하고…, 등등이 그것이다. 문화적 책임의 완수 여부는 그것들의 결과에 따라, 즉 수신자의 행동에서 긍정적인 것으로 판단된 변화에 따라 평가된다. 이런 결과들을 평가하기가 쉽지 않다는 것은 별개의 문제이다.

예술가, 작가, 철학자는 '그림, 글쓰기, 사유란 무엇인가'라는 질문에 대해서만 책임을 진다. 그래서 어떤 사람이 그에게 대부분의 사람들은 당신의 작품을 이해하지 못하고 있다고 말해도, 그는 이런 비난을 무시해버릴 수 있는 의무와 권리를 갖고 있다. 그의 수신자는 대중이 아니다. 예술가, 작가 등의 공동체는 더욱 아니다.

솔직히 말해, 그는 누가 자신의 수신자인지 모른다. 사막에 메시지를 보내는 사람이 바로 예술가, 작가와 같은 사람들이다. 마찬가지로 그는 누가 자신의 심판관인지 모른다. 왜냐하면 그는 자신의 작업을 하면서 회화, 문학 등의 판단 기준에 대해서도 의문을 제기하기 때문이다. 이와 동시에 그는 일반적으로 인정된 영역, 장르, 규율 들을 규정하는 경계들을 문제시한다. 그는 실험하고 있다고 말할 뿐이다. 그는 결코 어떤 것도 개발, 교육, 교화하려고 하지 않는다. 그의 작업을 문화적 목표에 종속시키는 모든 선동을 그가 거부하는 것은 정당하다.

그래서 그는 이제 더 이상 지식인이 아니다. 그는 보편적 주체와 동일시될 필요도 없고, 창조라는 책임을 지기 위해서 인간 공동체에 대해 책임감을 느낄 필요도 없다. 아인슈타인과 덴마크인들이 이룬 이론물리학 혁명은 인식의 보편적 주체에 대한 근대적 이념을 뒤흔들어놓았다. 미래학자는 그의 연구에 있어 파시즘이라는 이데올로기에 만족하지만, 이 이데올로기가 미래학자의 연구에 필수적인 것은 아니다.

(…중략…)

단도직입적으로 말해, 부당함들이 공유되지 않는다면, 또 희생자는 희생자이고 사형수는 변명의 여지가 없다면, 우리의 역사를 이루고 있는 '이름 세계'에서 단지 몇몇의 이름들만이 순수 이념들처럼 결점 없이 빛나고 있다면, 우리는 명예로운 지식인이 될 수 없다. 이런 의미에서 마르크스는 노동자가 짊어진 임금 조건의 전적인 부당함을 폭로했다. 마르크스의 이러한 비난은 미래의 보편적 주체에 의해 정당화되고 있다. 그리고 이 보편적 주체는 사상가의 책임을 포함해서, 내가 앞서 열거한 모든 책임들을 프롤레타리아 해방이라는 목표 아래에 종속시키고 있다.

'파리 코뮌'은 이 보편적 주체가 구현된 명백한 이름이었다. 해방된 프롤레타리아의 거점인 소련의 현실적 상황이 변했을 뿐 아니라, 무엇보다도 보편적 주체를 정당화시켜주는 징표들의 수가 감소했기 때문에 이런 권위는 사라졌다. 이에 대해 사람들은 볼셰비키처럼 마르크스의 입장에서, 이런 징표들의 핵심은 바로 노동자들의 국제적인 연대였다고 생각했다.

한 세기 동안 자유주의 정치에 활기를 주었던 계몽 사상 역시 이와 유사하다. 이 사상은 오늘날 그 효력을 상실해가고 있다. 이는 학교의 상황을 고찰해보면 극명하게 드러난다. 학교는 선진 사회에 있어 가장 중요한 계몽의 기반이었다. 계몽주의자 및 그들의 후계자들인 19세기 지식인은 교육의 보급에 의해서 시민의 자유가 강화되고 지방 분권주의가 차단되며 전쟁이 억제될 수 있다고 생각했다.

그러나 오늘날에는 도처에서 그러한 신용을 잃은 교육에 계몽된 시민의 육성이 아니라, 단지 보다 수행적인 직업 교육을 요구하고 있다. 이것이 프랑스 고등교육 제1기 과정에 대한 개혁 작업이 공식적으로 추구하는 목표이다. 무지는 더 이상 부당함이 아니며, 지식의 획득은 보다 좋은 수입을 보장하는 직업적인 자격 부여를 의미할 뿐이다.

그러므로 이제 더 이상 지식인은 존재하지 않는다. 그럼에도 불구하고 여전히 어떤 것이 존재한다면, 이들은 18세기 이래 서양 역사에서 나타난 새로운 사실들에 어두울 것이다. 현실에 징표를 보내고, 이런 징표의 이름으로 사상이 세계관과 다름 아닌 논변을 제기할 수 있는 '보편적 주체-희생물'은 존재하지 않는다.

심지어 사르트르가 불법성의 미로를 더듬어가기 위해 이들의 입장을 받아들이고자 한 '가장 불리한 자' 조차도 단지 부정적이고 익명적이며 경험적인 실재일 뿐이었다. 그렇다고 해서 그들의 처지를 걱정하지 말라는 것은 아니다. 오히려 도덕적이고 시민적인 책임 하에서 그의 처지를 걱정해야 한다. 그러나 이런 입장은 단지 수동적이고 국부적인 조정만을 가능하게 한다. 더 이상 기대하면, 이런 입장은 사르트르의 경우처럼 생각을 혼돈케 할 수 있다.

나의 결론은 화가는 그림을 그리고, 철학자는 철학을 하고, 과학자는 연구를 하고, 지도자는 지도를 하고, 문화적 책임이 있는 사람은 교화를 담당하고, 정치가는 정치를 하라는 것이 아니다. 나의 결론은 사실적으로, 비판적으로 보일지라도 원칙적으로는 낙관적인 것이다.

보편적 이념의 쇠퇴, 심지어 몰락은 전체주의적인 고정관념으로부터 생각과 삶을 해방시켜준다. 책임들의 다양성, 비의존성, 비양립성은 작건 크건 간에 그것을 갖고 있는 사람들이 유연하고 관대하며 날씬하게 될 것을 요구한다. 그리고 이런 특징들은 더 이상 엄격함, 정직성, 강인함에 대립되지 않으며, 오히려 이런 특징들의 표식이 될 것이다. 지성인들은 침묵하지 않고, 자신들이 매여 있는 일터로 되돌아가지 않으며, 지식인들을 괴롭히고 어렵게 만드는 책임을 스스로 수행하고자 한다. 즉 근대성을 만들어낸 편집증으로부터 지성을 분리시키는 것을 수행하고자 한다.

새로운 무대를 위한 티켓 | 19, 20세기에 있어 상상과 행동은 인류 해방이라는 이념의 지배를 받았다. 이런 이념은 18세기 말 계몽주의 철학과 프랑스 대혁명에서 형성되었다. 정치적 자유, 예술, 기술, 과학의 진보가 무지, 빈곤, 비교양성, 전제주의로부터 전 인류를 해방시켜주고, 단순히 행복한 인간이 아니라 학교 교육을 통해 자신의 운명을 지배할 수 있는 계몽된 시민을 창출하리라는 것이었다.

지난 21세기 동안 반동적 전통과 나치주의를 제외한 모든 정치적 조류는 바로 이런 원천에 근거를 두고 있다. 정치적 자유주의, 경제적 자유주의, 마르크스주의, 무정부주의, 제3 공화국의 급진주의, 사회주의 간의 분열은 도달해야 할 목표들에 대해 만장일치를 이루어낸 일에 비하면 대단한 것이 아니다. 자유에 대한 약속은 이 모든 사람에게 있어 진보의 지평 및 그 정당성을 의미한다. 모든 사람은 자신이 투명한 인류, 세계 시민에 이를 거라고, 혹은 이른다고 믿고 있다.

　이런 이상들은 소위 선진국의 일반적인 견해에 따라 몰락하고 있다. 정치적 계급은 해방의 수사학에 따라 객설을 늘어놓고 있다. 그러나 정치적 계급은 지난 2세기의 역사에서 근대의 이상이 받은 상처를 치료해주지 못한다. 전면적, 전체주의, 북반구의 풍요와 남반구의 빈곤 간의 격차 심화, 실업과 새로운 빈곤, 학교 교육의 위기, 즉 지식 전달의 위기에 따른 전통 문화의 이탈, 예술적 아방가르드의 고립을 낳은 것은 진보의 부재가 아니라 오히려 기술과학적, 예술적, 경제적, 정치적 발전이다.

(…중략…)

　이제 분명한 것은, 한 세기 전부터 아방가르드들이 수행한 작업은 이와 병행한 복잡화 과정의 일환이었다는 점이다. 이런 복잡화 과정은 지식이나 실행보다는 시각적, 청각적, 언어적, 운동형의 감수성과 관계한다. 수용성과 취미에 대한 철학, 혹은 이런 작업을 수행하는 반성 능력의 영향력은 기술과학이 인식과 실천에 대해 갖고 있는 영향력에 못지않다.

　이처럼 당신의 시대에 있어 하나의 지평으로서 부각되는 것은 일상적 삶, 삶의 양식을 포함한 대부분의 영역에서 복잡성이 증가하고 있다는 것이다. 그러므로 이제 과제는 분명하게 한정된다. 즉 인류의 요구에서 벗어나 있는 극히 복잡한 수단들에 인류가 적응할 수 있도록 하는 것이다.

　이런 과제는 간략주의, 간단한 슬로건들, 명증성과 용이성의 요구, 확실한 가치 회복의 갈망에 대한 저항을 함축하고 있다. 단순화가 야만적이고 반동적이라는 것은 이미 확인되고 있다. 정치적 계급은 자신이 폐기되기를 원하지 않는다면, 자신과 더불어 인류를 파멸로 몰아가고 싶지 않다면 이런 요구를 염두에 두어야 한다. 그리고 이미 염두에 두고 있다.

보편사에 관하여 | "우리는 할 수 있다."라는 표현은 가능성뿐만 아니라 능력을 암시하고 있다. 근대의 기획을 계속 밀고 나갈 수 있는 능력, 힘, 역량이 우리에게 있는가? 이 물음은 근대의 기획을 유지하기 위해 힘과 역량이 요구되고 있으며, 우리가 이것들을 늘 지니고 있지는 않다는 것을 가리키고 있다. 이런 강독을 통해서 근대적 주체의 소멸에 관한 연구가 관심의 대상으로 부각된다. 그리고 이러한 소멸을 논증하려 한다면 사실들을 통해서, 적어도 징표들을 통해서 이것을 입증해야 할 것이다.

사실이나 징표 들은 해석상의 논쟁을 불러일으킨다. 그렇지만 그것들은 적어도 사실을 정립하는 인지적 절차나, 징표들을 평가하는 사변적 절차에 종속되어야 한다. 여기서 나는 보충 설명 없이 칸트의 역사-정치철학에서 중요한 역할을 하는 상징적이고 도식적인 재현들의 문제성을 언급하였다.

사실이 문제시되고 있는지, 징표가 문제시되고 있는지를 즉각적으로 결정할 수는 없다 하더라도, 근대적 주체의 소멸을 보여주는 자료들은 쉽게 간과할 수 없을 것 같다. 어떤 특정한 장르에 주도권을 부여했던 해방이라는 거대 이야기들 각각은 지난 50년 동안 이른바 그 기본 원리가 무효화되는 과정을 겪고 있다. 현실적인 것은 모두 이성적인 것이고, 이성적인 것은 모두 현실적인 것이다 : '아우슈비츠'는 이런 사변적 교의를 거부한다. 왜냐하면 적어도 범죄는 현실적이지만, 그것이 이성적인 것은 아니기 때문이다. 프롤레타리아적인 것은 모두 공산주의적인 것이고, 공산주의적인 것은 모두 프롤레타리아적인 것이다 : '1953년 베를린, 1956년 부다페스트, 1968년 체코슬로바키아, 1980년 폴란드' 들은(더 많은 예가 있지만) 이런 사적 유물론의 교의를 거절한다. 왜냐하면 노동자들이 당에 맞서고 있기 때문이다. 민주적인 모든 것은 국민에 의한, 국민을 위한 것이며 그 역도 마찬가지다 : '1968년 5월'은 이런 의회 자유주의 교의를 거부한다. 사회적 일상이 이런 대변적 제도를 와해시키기 때문이다. 수요와 공급을 자유롭게 하는 것은 전반적인 번영을 약속하며 그 역도 마찬가지다 : '1911년과 1929년의 위기'는 이런 경제적 자유주의의 교의를 거절하며, '1974~1979년의 위기'는 후기 케인스학파의 노력을 수포로 만들어버리고 있다.

이런 사건들 속에 근대성의 소멸과 관련된 징표들이 담겨 있다. 거대 이야기들은 이제 거의 믿을 수 없게 되어버렸다. 그래서 사람들은 거대 이야기의 쇠퇴라는 거대 이야기를 신뢰하고자 한다. 그러나 주지하듯이, 쇠퇴라는 거대 이야기는 서구 사상이 시작되는 플라톤과 헤시오도스에게도 있었다. 그것은 해방이라는 거대 이야기를 그림자처럼 따라다닌다. 그러므로 이런 시도는 아무것도 변화시키지 못하고, 단지 당면한 과제를 수행하기 위해 더욱 많은 힘과 역량이 필요하다는 것만을 일깨워줄 뿐이다.

-출전 : 《지식인의 종언》, 이현복 옮김, 문예출판사, 1993

키워드

- **가치판단** 사실판단에 대비되는 개념으로 사용한다. 사실판단은 사실을 있는 그대로 인식하고 판단하는 것을 가리키며, 가치판단은 있는 그대로의 사실에 자기 나름의 견해를 덧붙여 인식하는 것을 의미한다. 즉 가치판단이란 존재하는 사물이나 사실에 관해 관찰자가 자신의 가치 관념에 따라 평가를 내리는 것이다. 따라서 가치판단은 사물이나 사실 자체에 들어 있는 것이 아니라, 그것을 보는 인간들의 목적의식이나 의미에 관한 관념 등에 의해 갖게 되는 견해라고 할 수 있다. 가치판단 분야는 상당히 넓지만, 가장 기본적인 것으로는 참된 것과 거짓된 것, 착한 것과 악한 것, 아름다운 것과 추한 것, 정당한 것과 부당한 것 등이 있다.

- **대의제** 국민이 직접 국가의 의사를 형성하지 않고, 대표자를 통하여 간접적으로 의사 결정 과정에 참여하고 그에 구속되는 국가 의사 결정 원리이다. 근원은 명확하지 않으나, 13세기를 전후로 영국에서 최초의 대표기구가 등장한 것으로 보인다. 이후 프랑스나 스페인, 독일, 이탈리아 등으로 전파되었다. 르네상스와 계몽주의를 기점으로 통치권이 피치자의 동의에서 나와야 한다는 이론이 힘을 얻고, 18세기에는 "대표자는 선출자가 아닌 독자적인 양식과 판단에 구속된다."고 주창한 에드먼드 버크의 대표이론에 이르러 근대적 대표제가 발전하게 되었다.

● **덕(德)** 그리스어의 '아레테(aretē)'에 해당한다. 아레테는 각 사물이 지닌 우수한 기능을 뜻한다. 원래는 인간이 타고난 우수한 능력을 의미했으나, 점차 윤리화되고 내면화되어 그리스 윤리 사상의 중요 개념으로 자리 잡았다. 덕은 본래 자연적 능력의 우수성을 뜻했으나, 이것이 윤리덕(倫理德)으로서 명확하게 체계화된 것은 소크라테스, 플라톤을 거쳐 아리스토텔레스에 이르러서이다. 아리스토텔레스는 덕을 '헥시스(hexis)'로 규정하였다. 헥시스란 인간이 후천적으로 획득한 일정한 행위 능력을 말한다. 다시 말해, 인간에게는 생리적으로 몸에 지닌 본성적인 덕 또는 선에 대한 호의적 태도가 있지만, 이것은 정서적인 것으로서 확고한 기초는 갖고 있지 않다. 아리스토텔레스는 인간이 태생적으로 가지고 나온 이러한 소질이 이성 또는 지성의 선택에 따라 자각적 행위, 부동의 행위 능력으로 형성되었을 때 본래적인 의미로서의 덕이 생긴다고 주장하였다.

● **도구적 이성** 호르크하이머, 아도르노 등 프랑크푸르트학파가 창안한 개념으로, 목적은 문제 삼지 않고 목적을 달성하기 위한 수단의 선택에 관계하는 이성을 뜻한다. 도구적 이성은 목적을 상관하지 않기 때문에 어떤 목적을 위해서도, 심지어는 지배의 목적으로도 동원될 수 있다. 도구적 이성은 결과적으로 외부의 자연을 지배하는 능력(자연 지배력)으로서 인류의 역사에 생산력의 발전을 가져온 장본인이다.

인간이 외부의 자연에 행하는 '도구적 행위'는 자연의 소재를 인간의 뜻과 목적에 맞게 가공하고 변화시켜 필요한 것을 만드는 행위이다. 한편, 이와 같은 행위 유형이 다른 사람들에게 적용될 때는 '전략적 행위'라고 한다. 이것은 다른 사람에게 영향력을 행사해서 자기의 뜻을 관철시키려 하는 행위이다. 역사가 진보하며, 진보는 이성의 진보라고 할 때 가장 두드러진 역사는 도구적 이성의 진보일 것이다. 프랑크푸르트학파는 서구의 역사에서 이성은 도구적 이성으로 위축된 것이라고 주장했다.

● **도덕(道德)** 도덕 철학은 오직 이성을 근거로 해서 인간의 목적과 사명에 관한 물음에 대답함으로써 실천적 선택을 명료화하려고 한다. 이 점에서 도덕 철학은 종교나 관습과 구분된다. 인간의 목적과 사명이라는 물음에 대해, 전통적으로 철학은 선을 인간의 행위가 제기하는 목적이 무엇인가를 결정하게 해주는 가치판단의 원리로 정의하려고 했다.

칸트는 이 주제에 접근하는 관점을 근본적으로 바꿈으로써 의무의 도덕을 제기했다. 칸트는 도덕의 물음을 선의 물음에 종속시켜온 전통을 거부한다. 그가 보기에 이 같은 접근 방법은 경험적이고 특수한 조건들에 의존한다. 그러나 실천 이성을 규정하고자 할 때는 합리성의 요구 자체가 보편성의 요구를 함축하게 된다. 결과적으로 내가 그 원리를 보편화할 수 있는 행위, 즉 내가 그 원리를 모든 사람에게 유효한 것으로 제시할 수 있는 행위가 타당한 행위라고 할 수 있을 것이다. "보편 가능한 준칙에 따라 행위하라." 이것이 모든 인간이 어떤 상황에서나, 어떤 결과를 가져오든 상관없이 자유롭게 복종해야 할 도덕법칙이다.

● **레지 드브레**(Régis Debray, 1940~) 1940년 프랑스 파리에서 태어나 파리 고등사범학교를 졸업했다. 1965년 철학교수 자격을 취득하고, 파리 주재 쿠바 대사관에 인터내셔널리스트로서 쿠바 혁명 자원봉사를 지원했으나 거절 당했다. 사르트르가 발간한 잡지 《현대》에 라틴아메리카 혁명의 전략과 전망을 분석한 〈카스트로주의, 라틴아메리카의 긴 여정〉을 발표한 후 드디어 쿠바에 갔다. 체 게바라의 게릴라 부대에 참여한 드브레는 1967년 볼리비아 정부군에 체포되어 30년형을 언도받았으나, 드골 정부 및 국제적인 사면 요구로 석방되어 1970년에 프랑스로 돌아갔다. 1981년부터 1988년까지 프랑스

사회당 미테랑 정부에서 제3 세계 자문역을 지냈다. 1994년에 소르본대학에서 〈매개학 연구〉로 박사학위를 취득하고, 인문과학과 사회과학 사이의 학제적 연구를 구체화하는 '매개학(mediology)'이라는 새로운 학문 영역을 개척했다. 다수의 소설과 에세이를 발표했으며, 라틴아메리카에서의 경험을 풀어낸 소설 《눈이 불탄다》로 페미나 문학상을 수상했다.

현재 리용대학 교수로 있으며, 주요 저서로 《이미지의 삶과 죽음》, 《유혹자 국가》, 《일반 매개학 강의》, 《정치이성 비판》 등이 있다.

● **리케이온**(Lykeion) 아리스토텔레스는 아테네에 스승 플라톤이 세운 아카데메이아에 맞서는 학교를 세웠다. 그것이 바로 리케이온이다. 리케이온은 나중에 많은 나라에서 학교를 가리키는 말로 사용되었다. 아리스토텔레스는 리케이온에 그가 모은 장서들을 보관했는데, 그 장서가 얼마나 많았던지 리케이온은 아테네의 공공 도서관 구실을 하게 된다.

아리스토텔레스는 아버지로부터 상당한 재산을 물려받은 데다가 그 자신이 워낙 책벌레였던 까닭에 책을 모으는 데 돈을 아낌없이 썼다고 한다. 그는 리케이온의 지붕 덮인 산책로를 거닐면서 학생들을 가르쳤다. 그리스어로 이런 산책로를 페리파토스(peripatos)라고 하는데, 아리스토텔레스의 제자들을 일러 페러퍼테틱(peripatetic)이라고 한다. 우리말로는 소요학파(逍遙學派)라고 한다.

● **미셸 푸코**(Michel Foucault, 1926~1984) 프랑스의 철학자로 콜레주드프랑스에서 그가 '사상사(The History of Systems of Thought)'라고 이름 붙인 과목의 교수를 지냈다. 푸코는 다양한 사회적 기구에 대한 비판, 특히 정신의학, 의학, 감옥의 체계에 대한 비판과 성의 역사에 대한 연구로 널리 알려졌다. 권력과 지식의 관계에 대한 이론과 서양의 지식의 역사에 관한 '담론'을 다루는 그

의 사상은 많은 논쟁을 불러일으켰다. 또한 그의 글은 인문학, 사회과학의 많은 영역에 걸쳐 지대한 영향을 끼쳤다.

현재의 비평가들은 그의 작업을 포스트모더니즘이나 후기 구조주의의 관점에서 기술하는 데 반해, 1960년대에는 그를 구조주의와 연결하는 경우가 많았다. 그러나 그는 구조주의자들의 접근 방식과 자신의 차이를 강조했으며, 자신의 작업에 포스트모더니즘이라는 설명이 붙는 것을 환영하지 않았다. 그는 '근대성(modernity)'이 어떻게 정의되는지에 관심이 있을 뿐이라고 말했다.

주요 저서로 《광기의 역사》, 《말과 사물》, 《지식의 고고학》, 《담론의 질서》, 《감시와 처벌》, 《성의 역사》 등이 있다.

● **산파술**(産婆術) 소크라테스의 문답식 교육 방법을 산파술이라고 부른다. 소크라테스 대화편 중 하나인 《테아이테토스》에서 소크라테스는 비밀 이야기를 하겠다고 하면서, 자기가 하는 일을 산파의 일에 비유한다.

"나의 산파술은 여러 가지 점에서 보통 산파들과 같지만 다른 점도 있다네. 여자를 상대로 하는 것이 아니라 남자를 상대로 한다는 점과, 영혼이 진통할 때 그것을 돌보는 것이지 육신을 받아내는 것이 아니라는 점이네. 내 산파술의 요지는 젊은이의 마음에서 나오는 생각이 가짜 인형인지, 진짜 귀족의 아기인지를 철저하게 분간해내는 데 있네. 보통의 산파들과 마찬가지로 나도 불임일세. 그리하여 흔히 사람들이 나에 대해 비난조로 하는 말, 즉 나는 다른 사람에게 질문만 할 뿐 그 대답을 알지 못한다는 말은 완전히 옳은 말이네. 이유를 말해줄까? 신이 나를 산파로 점지한 것은 아기를 낳지는 못하도록 점지한 것일세. 따라서 나는 지혜도 없고 내가 창안한 것이라든지 내 영혼의 소산도 없네. 다만 나와 이야기를 하는 사람은 이득을 본다네. 그 사람은 처음에는 바보 같지만, 나와의 관계가 깊어가는 동안 만약 신이 은총을

베푼다면 놀랄 만한 진보를 보인다네. 자기가 보기에 그럴 뿐만 아니라 옆에서 다른 사람이 보기에도 마찬가지일세. 그 사람들이 나에게서 아무것도 배운 바가 없다는 것은 분명히 말해줄 수 있네. 그들은 훌륭한 것들을 많이 알게 되지만, 그것은 모두 그들 자신이 낳은 것이라네."

소크라테스의 산파술은 소극적 측면에서는 대화 상대자의 무지(無知)를 자각케 하여 진리로 유도하고, 적극적 측면에서는 상대방이 제출한 논설에 질문을 거듭함으로써 개념 규정을 유도함으로써 당사자가 의식하지 못했던 새로운 사상을 낳게 하는 문답법이다.

● **소피스트**(Sophist) BC 5세기 무렵부터 BC 4세기에 그리스에서 활약한 지식인들로서 아테네를 중심으로 그리스 전역을 돌아다니면서 변론술과 입신출세에 필요한 백과사전적 지식을 가르쳤다. 그들의 논쟁술은 지적인 승부를 통해 승자와 패자를 분명히 가렸다. 이를 명예와 정치적 출세를 할 수 있는 수단으로 사용하기도 했다. 그래서 그들은 언어를 잘 구사하는 능력인 수사학, 논리학과 같은 교육을 원했다.

소피스트의 출현은 철학적인 변화와 관련이 깊다. 초기 그리스 철학은 자연철학적인 요소가 강했다. 자연철학자들은 우주의 근원적인 진리를 탐구하고자 했다. 하지만 수많은 이견이 제기되는 가운데 인간 이성 능력에 대한 회의적 분위기가 팽배해졌고, 이와 함께 철학의 대상을 자연에서 인간의 내적인 지식 세계로 전환시키려는 노력들이 전개되었다. 소피스트는 이 흐름 속에 있는 철학자들이었다.

다음으로 소피스트는 아테네의 민주주의와 연관이 깊다. 아테네는 페르시아 전쟁(BC. 490~BC 480) 이후 민주주의 사회를 이루었다. 민주주의 사회의 시대적 요청에 따라 변론술이 가장 중요한 과목으로 대두되었다. 변론술에 특히 능했던 그들은 '일신(一身)'을 위해서나 국가를 위해서 선(善)을 도모하고,

언론이나 행위에서도 유능한 사람이 되는 길'을 청년들에게 가르친다고 자부하였다.

주요 소피스트로는 프로타고라스, 고르기아스, 프로디코스, 히피아스, 안티폰, 크리티아스 등이 있다.

● **실증주의**(實證主義) 경험적인 사실을 넘어서는 초경험적 실재를 인정하지 으며, 모든 앎의 대상은 경험적으로 주어진 사실에 한정된다는 입장이다. 가장 고유한 의미에서의 실증주의로 오귀스트 콩트(Auguste Comte)의 이론을 들 수 있다. 그러나 사변적이고 형이상학적인 고찰을 물리치고 경험과학적 방법에 입각한 철학을 넓은 의미에서 '실증주의적'이라고 규정한다면, 로크나 흄 등의 영국 경험론과 프랑스 계몽주의 사상에서 그 원류를 발견할 수 있다.

실증주의는 사실들 간의 관계를 있는 그대로 관찰하여 그 자체로 해명하려고 한다. 근대 자연과학의 방법과 성과에 기초한 실증주의는 물리적 세계만이 아니라 사회적, 정신적 현상들까지 통일적으로 설명하려는 지적 태도로서 나타났다. 19세기 후반에 실증주의는 자연과학의 비약적인 성장과 함께 매우 큰 영향력을 갖게 되는데, 형이상학적 학설에 반대하여 사실에 대한 인식만을 참된 지식으로 보고 과학적 방법을 신뢰하는 태도들을 폭넓게 가리키는 용어로 자리 잡았다.

● **에드워드 사이드**(Edward W. Said, 1935~2003) 팔레스타인 출신의 세계적 석학이다. 1935년 영국 치하의 예루살렘에서 팔레스타인인으로 태어나 '에드워드'라는 영국식 이름과 '사이드'라는 아랍의 성(姓)이 조합된 이름을 가지게 되었다. 1947년 이스라엘이 건국되자 이집트로 이주하였다가 1950년 대 말에 미국으로 건너가 프린스턴대학을 졸업하고 하버드대학에서 박사학위를 받았다. 그리고 1963년부터 컬럼비아대학 영문학·비교문학 교수를 역

임했으며, 미국 학술원 회원인 문학·문명비평가로 활동했다.

이스라엘인과 팔레스타인이 통합된 민주주의 국가에서 살기를 원했던 사이드는 팔레스타인의 독립을 위해 평생을 바쳤다. 그는 재외국 팔레스타인의회 의원으로 활동하면서 미국 정부의 중동정책과 이스라엘을 강력히 비판했다. 1978년에는 《오리엔탈리즘》이라는 저서를 통해 '동양은 서양보다 열등하다'는 유럽 중심적 편견과 제국주의적 음모를 밝히며 전 세계에 충격을 주기도 했다.

주요 저서로 《오리엔탈리즘》, 《팔레스타인 문제》, 《이슬람 취재》, 《세상과 텍스트와 비평가》, 《음악적 서술》, 《문화와 제국주의》, 《박탈의 정치학》, 《도전받는 오리엔탈리즘》 등이 있다.

● **위르겐 하버마스**(Jurgen Habermas, 1929~) 1994년 독일 프랑크푸르트대학에서 정년퇴직하고 현재 명예교수로 강의를 계속하고 있다. 지난 30년간 27권에 이르는 저서를 발간하면서 사회철학 영역을 개척했다. 하버마스는 20세기 최고의 논쟁가로 불리기도 한다. 그가 관여했던 대표적 논쟁만 꼽아도 1960년대 칼 포퍼와의 실증주의 논쟁, 한스-게오르크 가다머와의 역사성 논쟁, 마르크스주의와의 논쟁, 1970년대 니콜라스 루만과의 사회체계 논쟁, 네오마르크스주의자들과의 국가론 논쟁, 영미 분석철학자들과의 언어성격 논쟁, 1980년대 프랑스 철학자들과의 포스트모던 논쟁 등 헤아릴 수 없이 많다. 이런 논쟁을 통해 그는 전후 세계 지성의 주요 흐름과 일정한 긴장관계를 유지하며 자신의 사상을 키웠는데, 그 과정에서 그가 일관되게 유지한 입장은 "대화에 의한 이성의 확립"이었다.

● **이데아론** 플라톤이 처음 주장한 형이상학 이론이다. 플라톤의 이데아론에 따르면, 이데아는 현상 세계 밖의 세상이며 모든 사물의 원인이자 본질이다.

예컨대 인간의 이데아는 현실 세계의 인간에 대한 원인으로서, 인간의 이데아가 있기 때문에 현상 세계에 인간이 실재한다고 본다. 또한 중요한 것은 현상 세계에서 모든 것들은 낡고 사라지는 데 반해, 이데아는 시간이 흘러도 그 모습이 변치 않으며 현상 세계의 사물들이 궁극적으로 되고자 하는 것이다. 원래 이데아는 인간이 있던 곳인데, 인간이 현실 세계로 오기 위해 레테의 강을 건넘으로써 이에 대한 기억을 상실하였다. 그래서 이데아는 오로지 인간의 이성으로만 파악 가능하다.

● **절대론적 윤리관** 서양 고대를 대표하는 소크라테스, 플라톤, 아리스토텔레스를 출발점으로 하여 스토아학파, 교부철학, 스콜라 철학, 칸트 등으로 이어지는 계보를 형성한다. 절대론적 윤리관의 기본 입장은 모든 인간에게 적용할 수 있는 보편적이고 절대적 도덕법칙이 존재한다는 것이다. 이에 따르면 인간이 어떤 행동을 할 때는 도덕법칙을 지키며 사는 것이 중요하기 때문에 우리가 어떤 동기(즉, 절대적 도덕법칙)를 가지고 사는 것이 중요하게 된다. 절대론적 윤리관에서는 절대적 도덕법칙을 동기로 행동했다면 옳게 행동한 것이고, 그렇지 않은 동기로 행동했다면 잘못한 것이 된다.

● **주의주의**(主意主義, voluntarism) 주지주의(主知主義)에 대립하여 의지가 지성보다 우위에 있다고 생각하는 철학상의 입장이다. 넓은 의미에서 의지를 모든 것에 앞서는 근원적인 것으로 보는 입장이 다 여기에 해당한다.

● **주지주의**(主知主義, intellectualism) 지성 또는 이성이 의지나 감정보다도 우위에 있다고 생각하는 철학상의 입장이다. 의지를 상위에 두는 주의주의(主意主義)와 대립된다. 인간의 마음 가운데 지적인 것, 즉 지성, 이성, 오성이 지니는 기능을 감정이나 의지의 기능보다도 상위에 있다고 본다.

● **지그문트 바우만**(Zygmunt Bauman, 1925~) 폴란드 태생의 유태계 사회학자로 장 보드리야르, 미셸 마페졸리와 함께 가장 널리 알려진 탈근대 사회학자이다. 2차 세계대전 중에 자유 폴란드군에 참여했고, 1968년까지 바르샤바대학에 재직하였으며, 이후 정치적인 이유로 영국에 망명하여 1972년부터 1990년까지 리즈대학 사회학과장을 역임하였다. 지식인은 사회구성원의 삶에 대한 입법자가 아니라 해석자가 되어야 한다는 사회이론을 해석학적으로 탐구하였고, 나치의 대량 학살을 근대적인 대규모 관료제, 살상 기술, 이데올로기적 통제에 따른 결과로 해석하는 등 근대성의 어두운 면을 보여주었다. 최근에 그는 포스트모더니티라는 소극적 개념을 유동적 근대성이라는 개념으로 확장하고 있다.

주요 저서로는 《노동의 대두와 몰락》, 《자유》, 《지구화, 야누스의 두 얼굴》 등이 있다.

● **지행합일설**(知行合一說) 소크라테스 철학의 특징은 지식과 행동, 이론과 실천을 분리하지 않은 데 있다. 소크라테스는 인간의 잘못된 행위는 알고도 행하지 못한, 즉 인간의 수양 또는 실천의지의 결여에서 발생하는 것이 아니라, 무지에서 비롯된다고 보았다. 다시 말해 어떠한 행위를 할 때 무엇 때문에 그 일을 해야 하는가에 대한 확실하고도 분명한 인식을 갖지 않으면 그 행위를 할 수 없다고 보았다. 예컨대 정의를 아는 사람만이 정의로운 행동을 할 수 있으며, 친절을 아는 사람만이 친절한 행동을 할 수 있다는 것이다.

소크라테스에 따르면, 안다는 것과 행동한다는 것은 다른 게 아니다. 앎은 곧 행동이요, 지식과 실천은 하나이다. 즉 "덕은 곧 지식이다." 그러므로 정의, 절제, 용기 등의 덕에 반대되는 부덕은 불의, 방종, 비겁이 아니라 무지이다. 이는 "어느 누구도 알고서 악을 행하지 않는다. 그래서 악한 행위는 없다."는 그의 말에서도 찾을 수 있다. 이것이 바로 소크라테스의 주지주의적

지행합일설이다.

- **트라시마코스** 플라톤의 대화편 《국가》 1권에서 "정의는 강자의 이익이다."라는 주장을 폈다. 당대의 대표적인 지식인을 상징하는 소피스트로서 아테네 사회의 지적 풍토를 특징적으로 잘 보여주고 있다. 사실 "정의는 강자의 이익"이라는 그의 주장 또한 그와 같은 소피스트들에 의해 유포된, 아테네의 여러 가치관 가운데 하나이다.

    트라시마코스의 생애와 관련해서는 그가 비튀니아 지방 칼케돈 출신의 연설가이자 수사학 교사로서 여행을 많이 다녔고 기원전 427년경 아테네에서 활동했다는 것 외에는 알려진 것이 거의 없다.

- **포스트모더니즘** 다양한 갈래를 가지고 있어서 한마디로 정의하기가 쉽지 않다. 다만 전반적으로 이성 중심주의에 대한 근본적인 회의를 내포하고 있다. 탈중심적 사고, 탈이성적 사고를 가장 큰 특징으로 하는 포스트모더니즘은 1960년대 미국과 프랑스를 중심으로 일어났다. 리오타르, 푸코 등이 대표적인 포스트모더니즘 철학자이다. 포스트모더니즘은 일률적인 것을 거부하고 다양성을 주장했으며, 이성을 중시하며 등장한 모더니즘이 추구한 정치적 해방과 철학적 사변도 하나의 이야기(거대 서사)에 지나지 않음을 강조했다. 또한 칸트가 "순수 이성이 만들어낸 산물"이라 했던 이념의 실현을 불가능하다고 주장함으로써 정치철학에도 막대한 영향을 끼쳤다.

    포스트모더니즘은 용어 자체가 역사학적 구분에서 근현대를 스쳐간 수많은 것들을 포함하기 때문에 학자, 지식인, 역사 들이 그 정의를 두고 극한 논쟁을 벌이고 있는 개념이다. 그럼에도 포스트모던적 생각이 철학, 예술, 비판 이론, 문학, 건축, 디자인, 마케팅/비즈니스, 역사 해석, 문화 등 다방면에 두루 영향을 미쳤다는 사실에는 대부분 동의한다.

● **피에르 레비**(Pierre Lévy, 1956년~) 사회학자이자 철학자로, 1956년 프랑스에서 태어났다. 소르본대학에서 석사를, 프랑스 고등사회과학원에서 사회학 박사학위를, 그르노블대학에서 정보커뮤니케이션학 박사학위를 받았다. 그는 문화 발전에 있어 통신기술과 기호체계의 중요성을 확신한 선구자들 가운데 한 사람으로서, 현대 디지털 혁명에 대한 철학적, 미학적, 인식론적, 인류학적 고찰을 주된 연구 과제로 삼았다. 미셸 오티에와 공동으로 '지식의 나무' 체계 모델을 창안하고, 그것을 적용하기 위한 소프트웨어와 장비 들을 발명하고 유통하기 위해 트리비움사를 세우기도 했다. 현재 퀘백대학 사회커뮤니케이션학과 교수로 재직하면서 정부기관과 기업의 컨설턴트로서 활동하고 있다.

주요 저서로 《지능의 테크놀로지》, 《역동적 표의문자》, 《지식의 나무》, 《사이버 문화》, 《세계 철학》 등이 있다.

● **헤르베르트 마르쿠제**(Herbert Marcuse, 1898~1979) 아도르노, 호르크하이머와 함께 프랑크푸르트학파를 대표하는 사상가이다. 베를린대학과 프라이부르크대학에서 철학과 사회학을 전공했고 1922년 철학학위를 받았다. 그 후 후설과 하이데거 밑에서 계속 연구하였으며, 1930년 호르크하이머가 프랑크푸르트대학에 '사회연구소'를 설립하자 아도르노, 에리히 프롬 등과 함께 이에 참여하여 사회철학자와 사상가로서의 길을 걸었다. 1941~1950년까지 미국 국무성에서 근무하였고, 1951년 교수직으로 돌아와 1954년까지 컬럼비아대학 및 하버드대학, 1954~1965년 브랜다이스대학, 1965~1976년 샌디에이고 캘리포니아대학에서 강의하였다.

'절대거부'의 정신에 바탕을 둔 그의 문화·사회이론은 많은 학생과 젊은이들의 공감을 얻었으며, 그는 신좌익운동의 정신적 지주가 되었다. 주요 저서로는 《일차원적 인간》, 《에로스적 문명》, 《소비에트 마르크스주의》 등이 있다.